インターンシップ入門
就活力・仕事力を身につける

日本インターンシップ学会関東支部 監修
折戸晴雄・服部 治・横山皓一 編

玉川大学出版部

まえがき

　インターンシップの基本的な役割は、就業体験でなければ得られない「暗黙知」（経験や勘に基づく知識）を学修効果向上に生かし、学生のキャリア形成を支援するものです。わが国のインターンシップも、地域との連携、長期や海外など、形態の多様化や重層化をしながら、しだいに浸透してきました。しかし、インターンシップへの学生参加率は、わが国の場合、年間2％強であり、これをもとに卒業までの4年間分を推計しても10％程度と、米国の8割、英国の5割弱にくらべ、かなり低い状況にあります。これには、導入後の歴史が浅いことに加え、社会のニーズに十分に対応しきれていない面があるためだと思われます。

　一方、グローバル化、就業構造のサービス化など、激動する環境への適応が、インターンシップにも求められています。結果、文部科学省、厚生労働省、経済産業者は、2014年4月、インターンシップのガイドラインを17年ぶりに改訂しました。そこでは、短期のインターンシップに加えて、中長期やコーオプ教育プログラム型インターンシップの導入など、多様化や単位認証が勧奨されています。さらに、2015年度からは、4学年次8月以降のインターンシップを採用情報として利用することが可能とされました。

　インターンシップが本来の機能を発揮するためには、学生、企業、教育機関の三者がともに満足する「三方良し」となり、社会・地域に貢献することが必要です。いずれかに過大な負担がかかれば、普及の支障になります。ちなみに、インターンシップがかかえる古くて新しい最大の課題は、学生側から見れば「受け入れ企業の不足」「有給でないこと」「大学側と企業とのプログラム調整不足」などが指摘されます。そこで、インターンシップ受け入れ企業の拡大や学生と企業のマッチングのためのプラットフォームを整備する事業などが当局により推進されています。これに加えて、企業にメリットが得られる仕組みづくりを、大学・学部全体の課題として取り組み、受け入れ企業の持続的増加をはかっていけるかどうかも重要です。

　三者にメリットがあるインターンシップの好例は、わが国でも、理系の長期実習や海外インターンシップなどに見られます。これらの成功要因は、大

学・学部全体が受け入れ先企業と信頼関係を築き、企業では効果的な実習プログラムが推進されていること、インターンシップ修了者が実習先企業に就職し、企業に貢献していることなどがあげられています。こうした「三方良し」のインターンシップは、米国では通常の形態です。米国では、企業はインターンシップの学生を、主に採用選考のために受け入れています。場合によってはさらに採用後のキャリア形成を意識し、長期実習生のかなりの割合が有給です。

　もとより、インターンシップはキャリア教育の一環であり、企業、国・地域、大学学部、学生をとりまく伝統と環境の中で、それぞれのニーズに対応してさまざまな形態をとります。たとえば、わが国の場合、インターンシップのほとんどは1～2週間の短期です。これは、学生が進路決定の情報入手目的で就業体験をめざすことが多いためです。しかし、短期であっても就業体験は、やればできるという自信、いわゆる自己効力感を高めるなどキャリア教育にかなり貢献することが立証されています。その半面、短期実習は企業にはコスト負担が大きく、受け入れ企業不足恒常化の一因となっています。

　したがって、真に「三方良し」となるには、長期・有給やコーオプ型で、企業にメリットをもたらす質の高いレベルに到達させるため、大学側にもカリキュラム改革やプログラム提供などが求められます。一方、学生も、インターンシップに積極的に参加し、業務への寄与を通して得られる成果を学業やキャリア形成に活用することが重要です。

　日本インターンシップ学会関東支部は、2009年10月の関東支部設立準備会開催から準備期間2年間を経て、2011年3月に発足しました。日本インターンシップ学会関東支部の有志によるインターンシップに関する本格的な研究書を、関東支部発足後わずか3年目にして発刊することができたのは、折戸晴雄第2代支部長と共に、関東支部が新たな発展期を迎えた証と言えます。本書の発刊は、インターンシップ普及によるキャリア教育推進をミッションに掲げ、社会貢献活動を展開してきた会員全員の成果の一部が、出版という形で表現されたとも言えます。

太田和男

目　次

まえがき　2

序章　インターンシップの「これまで」と「これから」　9

第1節　日本での発展経緯 …………………………………………………… 9
第2節　実施状況と現状 ……………………………………………………… 11
第3節　海外と異なる「日本式」のインターンシップ …………………… 13
第4節　これからの「あり方」を巡る議論 ………………………………… 15
第5節　本書のねらいと構成 ………………………………………………… 16
第6節　結びにかえて ………………………………………………………… 18

■提言編「インターンシップの課題とは？　これから何に取り組むべきか？」　19

第1章　キャリア形成と地域貢献　20

第1節　グローバル時代に求められる人材像 ……………………………… 20
　　　（1）企業が求めるグローバル人材像／（2）学生に求められる海外インターンシップへの参加

第2節　学生時代の「仕事体験」がもつ重み ……………………………… 22
　　　（1）将来のキャリアにつながる第1歩／（2）チャレンジ精神を養う機会／（3）現場が求める期間の延長が課題

第3節　就職活動や求人戦略との結び付き ………………………………… 25
　　　（1）就職活動の準備としてのインターンシップ／（2）「期待する人材像」の伝え方／（3）中小企業の活用実態と課題／（4）就業後のミスマッチを生じさせないために

第4節　地域と連携したインターンシップの事例 ………………………… 29
　　　（1）神奈川県版インターシップ・モデル事業／（2）川崎商工会議所の川崎インターンシップ事業

第5節　中小企業が取り組むインターンシップの事例 …………………　35
（1）中小企業家同友会全国協議会のインターンシップ活動／（2）中小企業による受け入れの成果と課題／（3）今後の運営の課題、学校への要望

第2章　インターンシップ参加の効果　41

第1節　見直しが迫られる日本式インターンシップ ……………………　41
（1）就職と切り離されてきた日本式インターンシップ／（2）産業界からのインターンシップ見直しの提言

第2節　グローバル時代に呼応した学生と大学の対応 …………………　43
（1）学生に求められる就職活動のレベルの向上／（2）大学のインターンシップ運用事例

第3節　参加した学生、大学、企業の反応 ………………………………　45
（1）インターンシップのプラス面／（2）学生の意識改革の効果を期待

第4節　就職活動を前身させる準備行動 …………………………………　49
（1）早くから準備したいインターンシップへの参加／（2）実務経験者は企業が望む「有能な人材」

第5節　インターンシップ体験がもたらすもの …………………………　51
（1）基礎的な仕事力の習得／（2）インターンシップ体験を就職活動に連結させる／（3）インターンシップ運用の効果を高める

第6節　グローバル時代におけるインターンシップ活動への提案 ………　55

第3章　グローバル時代の海外インターンシップ　58

第1節　海外インターンシップの効果 ……………………………………　58
（1）海外インターンシップのメリット／（2）実現方法と必要な能力／（3）経験後の効果／（4）海外インターンシップを就職活動に活かす

第2節　海外留学とは異なる海外インターンシップの有効性 …………　62
（1）海外インターンシップの種類／（2）就職活動でのアピール効果／（3）国内大学の海外インターンシップ活動（AIESEC in Japan の活動）

第3節　海外のインターンシップ事情 ……………………………………　65
（1）海外インターンシップに必要な費用／（2）米国、ドイツ、イギリスのインターンシップ事情／（3）カナダ、オーストラリア、ニュージーランドのインターンシップ事情

第4節　「グローバル人材」を育てる海外インターンシップ ……………　70

(1)「グローバル人材」に求められるもの／(2)「グローバル人材」の履歴書に見る海外インターンシップの必要性

■理論編 「さまざまなインターンシップに何が求められているのか？」 75

第4章　大学におけるインターンシップの現状と課題　76
　　　　―明治大学政治経済学部におけるインターンシップを事例として―

第1節　はじめに ………………………………………………………… 76
第2節　インターンシップの効果 ……………………………………… 77
　　　(1) 就業能力の向上／(2) 就業意識の向上／(3) 学習意欲の喚起
第3節　明治大学におけるインターンシップ ………………………… 80
　　　(1) 枠組み／(2) 政治経済学部におけるインターンシップの特徴
第4節　政治経済学部のインターンシップの現状 …………………… 83
　　　(1) 企業実習／(2) 地域研究インターンシップ
第5節　大学におけるインターンシップの課題 ……………………… 88
　　　(1) 明治大学政治経済学部のインターンシップの課題／(2) 課題解決に必要な企業の協力
第6節　おわりに ………………………………………………………… 91

第5章　米国の観光教育におけるインターンシップ　93

第1節　はじめに ………………………………………………………… 93
第2節　観光関連学部を有する大学における教育内容とインターンシップ
　　　　………………………………………………………………… 94
　　　(1) コーネル大学／(2) ポールスミスカレッジ／(3) セントラルフロリダ大学
第3節　主要ホテルチェーンが提供するインターンシップを中心とした就業体験 ……………………………………………………………… 102
　　　(1) ヒルトンワールドワイド／(2) スターウッドホテルズ＆リゾーツ
第4節　日米の大学の比較調査 ………………………………………… 107
　　　(1) 観光関連産業への就職率／(2) 観光関連科目の必修度／(3) インターンシップの実施内容
第5節　おわりに ………………………………………………………… 114

第6章　企業以外で行われるインターンシップが示唆するもの　117
――道徳教育・人間教育としてのインターンシップの可能性――

第1節　はじめに ………………………………………………………………… 117

第2節　官公庁におけるインターンシップ ………………………………… 119
（1）インターンシップの場の普及・発展と官公庁／（2）中央官庁におけるインターンシップ／（3）地方公共団体におけるインターンシップ

第3節　学校におけるインターンシップ …………………………………… 123
（1）インターンシップの場としての学校／（2）教育実習／（3）狭義のインターンシップ／（4）学校支援ボランティア／（5）教師塾

第4節　医療機関におけるインターンシップ ……………………………… 128
（1）医療機関におけるインターンシップの基本的性格／（2）看護師の臨地実習／（3）病院におけるインターンシップ

第5節　各種団体（財団・社団法人、NPO等）におけるインターンシップ
　　　　………………………………………………………………………… 132
（1）財団・社団法人、NPOと会社の違い／（2）財団・社団法人におけるインターンシップ／（3）NPOにおけるインターンシップ

第6節　おわりに ………………………………………………………………… 135

■**実践編**「インターンシップの事前事後が就職活動力を高める」　139

第7章　インターンシップの前に　140

第1節　「自分」と向き合い学生生活を向上させる ……………………… 140
（1）「自律」と「自立」を身に付ける／（2）学生生活の有効活用／（3）キャリア開発に必要な自己啓発／（4）エントリーシートの書き方／（5）学生生活とキャリアプラン／（6）企業が求める必須スキル／（7）コミュニケーションスキルを向上させる／（8）謙譲語の活用／（9）仕事に不可欠な信頼関係／（10）学生時代からスマート・エイジングを意識する

第2節　「仕事」と向き合い何が必要かを知る ……………………………… 152
（1）インターンシップ先の情報入手／（2）仕事には定型業務と非定型業務がある／（3）20代に身に付けておきたい仕事力／（4）挨拶すると道が開ける／（5）自分の強みと弱みを自己評価する／（6）インターンシップに必要な提出書類

第 3 節 「社会」と向き合い目標をもつ …………………………………… 159
 (1) 出会いの大切さ／(2) 5S の効用

第 8 章　インターンシップの後で　162

第 1 節 インターンシップを振り返る …………………………………… 162
 (1) 参加目的の達成度を振り返る／(2) 日報を作成する
第 2 節 インターンシップを評価する …………………………………… 165
 (1) 客観的な自己評価が成長につながる／(2)「学生」から「社会人」になるために
第 3 節 インターンシップを報告する …………………………………… 167
 (1) プレゼンテーションの留意点／(2) 報告会の案内状と礼状／(3) 報告が必要なトラブル／(4) 就職活動先を選ぶ基準

第 9 章　よい会社の選び方、就職活動力の高め方　176

第 1 節 はじめに ………………………………………………………… 176
 (1) もう少し視野を広げて就職活動をしよう／(2) 社会人基礎力は学生生活の中で養われる／(3) インターンシップは複数回経験しよう
第 2 節 一極集中型をやめよう …………………………………………… 177
 (1) 大学卒業後の就職状況／(2) 見方を変えれば可能性が広がる
第 3 節 企業はどのような学生を求めているのか ……………………… 179
 (1) 企業が求める「社会人基礎力」／(2) 情意考課の 4 要素／(3) 企業活動の課題解決に必要な 2 つの力／(4)「企業は体育会系の人材を好む」は本当か
第 4 節 就職活動は大学に入学したときから始まっている …………… 184
第 5 節 よい会社の探し方、選び方、調べ方 …………………………… 185
 (1) 企業理念を調べてみよう／(2) 社長を知ろう／(3) 企業の成長力、収益力を知ろう／(4) 企業の「強み」が何かを知ろう／(5) 危ない会社を知ろう／(6) 希望ばかりを優先させない
第 6 節 学校任せにしない積極的なインターンシップの活用 ………… 189
第 7 節 まず「出口戦略」を考えることからはじめる ………………… 192

主要参考文献・資料　194
あとがき　197／執筆者紹介　198

序章 インターンシップの「これまで」と「これから」

折戸晴雄

第1節　日本での発展経緯

　わが国における実践的教育の始まりは古く、1973年の東京師範学校（現筑波大学）第1回卒業生による、同年に設立された附属小学校（練習小学校）での教授法の実施練習を1つの起点としてとらえることができます。しかしながら、今日に至るわが国の実践的教育の歴史は、必ずしも連続的・系統的なものとして語られるものではありません。

　たとえば、医師の養成において、1946年に「インターン制度」が導入され、医学部卒業後に1年以上の「実施修練」を義務とし、国家試験の受験資格を認めていましたが、1968年の医師法の改正により廃止されたことからも伺い知ることができます。

　そのため、昨今の大学におけるインターンシップの拡大も、歴史的文脈においてとらえ、説明することは、必ずしも妥当なこととは言えません。むしろ、近年の新たな契機によって生じたものと考えるべきものなのです。

　その発端は、1991年に経済同友会が発表した「『選択の教育』を目指して」に見ることができます。そのなかで、産業界からの教育提言として「教育界との相互交流の1つとして学生のジョブインターンへの支援」が書き込まれました。それは、「経済のグローバル化」というわが国が直面する課題への対応策の1つとして現われたものであり、同様の提言は、その後も繰り返し行われてきました。その過程において、経済のグローバル化に対応するための人材を育成しようとする産業界の思いが、教育界との密接な交流を生み、「インターンシップ」ということばが広く浸透していったのです。

　この産業界の人材育成への思いは、1997年の文部省、通商産業省、労働省（省名は当時）による3省合意の「インターンシップの推進に当たっての基本

的な考え方」に結実したととらえることのできます。この文書は、同年に閣議決定された「経済構造の変革と創造のための行動計画」及び「教育改革プログラム」を受けたものです。この3省合意で「インターンシップ」とは、「学生が在学中に自らの専攻、将来のキャリアに関した就業体験を行うこと」と定義されています。つまり欧米と同じ意味で語られるわが国のインターンシップの歴史は、まだ始まったばかりです。

　それにもかかわらず、インターンシップが急速に普及・発展した背景には、大学における学生への就職支援として、キャリアセンターや就職支援センターなどが、積極的にインターンシップの指導や導入に取り組んだことがあります。しかしながら、これには、多大な労力と苦難が伴います。たとえばインターンシップには、さまざまな形態があります。教育機関が授業の一環として指導を行っているもの、団体や企業が独自に学生を選考して学生を受け入れているケースなどです。さらに、形態だけでなく、インターンシップの体験内容や体験期間、参加目的などが実に多様です。そして、今日のインターンシップの指導や導入は、大学ごと、受け入れの団体や企業ごとにこれらに対応し、実に特殊化・細分化されたかたちで展開されているのです。

　このような特殊化・細分化が、インターンシップが広く普及・発展してきた特徴であることは否定できない事実です。しかしながら、今日、この特殊化・細分化の進展によって、インターンシップ研修が、1つの壁にぶつかっていることも否定できません。すなわち、特殊化・細分化されたインターンシップ研修に一定の枠組みをつくり、体験内容や参加目的などの系統化を図ることは、わが国のインターンシップを巡る今日的な課題の1つとなっているのです。

　その一方で、インターンシップ研修の重要性は、引き続き強く叫ばれています。たとえば、2012年に発足した安倍内閣は、成長戦略として閣議決定した「日本再興戦略」では、インターンシップについて、次のように提言しています。

　　（前略）我が国の将来を担う若者全てがその能力を存分に伸ばし、世界に勝てる若者を育てることが重要であり、（中略）インターンシップに参加する学生の数の目標設定を行った上で、地域の大学等と産業界との調整を

行う仕組みを構築し、インターンシップ、地元企業の研究、マッチングの機会の拡充を始め、キャリア教育から就職まで一貫して支援する体制を強化する。また、関係団体等の意見を踏まえつつ、インターンシップの活用の重要性等を周知し、その推進を図る。

こうした数々の提言を受けて、現在では、教育機関がキャリアガイダンスの一環としてインターンシップを組み入れたり、企業が従来のような社会貢献という観点に加えて、人材育成という観点からインターンシップの受け入れを始めたりするなど、これまでにはないケースも見られるようになりました。

また、「日本再興戦略」の提言を受け、3省合意の「インターンシップ推進に当たっての基本的な考え方」も2014年4月に見直しが発表され、「大学の積極的な関与」が提言されました。今後、教育現場おいてインターンシップを通したキャリア教育が、さらに求められることになるでしょう。

第2節　実施状況と現状

ところで、文部科学省では、1997年より3省合意を経て「インターンシップ実施状況調査」を実施してきました。しかし、近年の授業科目として実施したインターンシップに限定して行った調査では、実態把握が不十分であることから「体系的なキャリア教育・職業教育の推進に向けたインターンシップの更なる充実に関する調査研究協力者会議」（以下、協力者会議）を2013年に設置しました。協力者会議の提言を受けて、これまでの調査を踏まえ、単位認定を行っている全ての大学及び高等専門学校に対して、インターンシップの実施状況を把握するためには量的調査のみならず、「運営の実態を把握」、「課題の抽出」、「課題の解析」、「課題の改善」の観点からも質的調査も行う段階に入る必要があるのではないかと考えられます。

こうしたことから、文部科学省が2013年1〜2月にかけて実施した、「大学等における平成23年度のインターンシップ実施状況について」の調査では、協力者会議で検討された項目が追加されています。新たな調査項目と調査結果をいくつかあげてみましょう。

○「単位認定を行う授業科目以外のインターンシップであって、大学等が学生を派遣するにあたり組織として対応しているもの」(65.1％の大学が実施。25,428人の学生が参加)

○従来、インターンシップとしての取り扱いはしていないものの、「基本的な考え方」におけるインターンシップの定義「学生が在学中に自らの専攻、将来のキャリアに関連した就業体験を行うこと」に当てはまる「特定の資格取得を目的として実施する教育実習、医療実習、看護実習等」(85.9％の大学が実施。273,838人の学生が参加)

○大学等において増加しつつある「海外インターンシップ」(20.5％の大学が実施。ただし単位認定を行う授業として実施されたもののみ。2,023人の学生が参加)

この調査は、国公私立大学(748校)、大学院(620校)、短期大学(349校)、高等専門学校(57校)において、2011年4月1日から2012年3月31日に実施されたインターンシップが対象とされています。調査結果によると、単位認定として、インターンシップを実施した大学は70.5％(544校)。インターンシップを体験した学生は2.2％(62,561人)で、大学におけるインターンシップの実施時期は、夏季休暇期間中が59.9％、授業期間中が19.0％。実施期間では、2週間未満が61.6％で、1ヶ月以上は11.5％となっています。

このような調査結果から、次のような課題が見えてきます。

まず、インターンシップを実施する大学は増加傾向にあるものの、参加を希望する学生が増えているのに対し、受入側の企業が少なく、受け皿の供給が足りない状況が新たな問題になっていること。

次に、学生がインターンシップを希望する研修先は、大手企業や有名企業に集中しているため、中小企業への希望は少ないということです。つまり、学生の受入れ先企業の開発が重要な課題であり、企業が受け入れやすく、成果の見えるプログラムを作成することが必要です。しかし、この種のコーディネーターが不足しているのが現状です。

また、職業教育や専門教育に主眼を置き、職業的・専門的能力を形成するための就業体験では、プログラムの充実等による教育効果を高める工夫が求められます。

インターンシップの実施時期が、夏期休暇期間に集中することも大きな課題の1つです。2015年度卒業・終了予定者からは、就職・採用活動時期が変更になるため、採用選考活動が従来の4月1日から8月1日に変更されます。インターンシップを企業説明会の代替として利用するケースも現れ、拡大することが予測されます。インターンシップと称して、1日程度の見学型企業説明が主流となっていくでしょう。こうした変化に伴い、インターンシップの意義も、必然的に変容していくはずです。

　これまで、インターンシップの実施内容について、大学が主体的に関与することは多くありませんでした。そのため、大学におけるインターンシップは、企業任せとなってしまうケースがほとんどでした。このことが、受け皿としての受入企業が増えない大きな要因となっていたのです。インターンシップの実施内容について、大学が主体的に関与してこなかったという事実は、インターンシップを行う学生にとっても、大きなマイナスをもたらしていました。すなわち、学生にとって、インターンシップは単なる就業体験だけとなり、職場体験で得たものが、自らの学修内容や専門性を高めることにつながっていかなかったのです。この課題を解決していくためには、専門教育を担当する教職員の意識向上、企業とのかかわりを深めてゆくことが不可欠です。

　今後は人材育成の1つとして、社会人基礎力向上を目指す意味でも大学、企業、学生が、インターンシップの重要性に理解を深め、共有していくことが求められます。

第3節　海外と異なる「日本式」のインターンシップ

　わが国におけるインターンシップは、「日本式インターンシップ」と呼ぶことができます。米国におけるインターンシップやコーオプ教育とは異なるものだからです。

　米国におけるインターンシップとは、多くの企業が企画・主催したプログラムに学生が参加するもの意味します。これに対してコーオプ教育は、大学と企業が連携し、大学教育の一環として実施されるものです。コーオプ教育

は、米国で生まれ、100年以上の歴史を持っています。それゆえに、コーオプ教育に関する教育機関の組織的な取り組みや産学連携教育は、全米に定着しています。

　日本式インターンシップとは、大学側がキャリア教育を目的とし、大学側が考える研修内容で行うもの、企業側が考える研修内容を行うもの、産学協働で考える研修内容を行うなど、それら全て総称する呼び方です。

　ここに、米国におけるコーオプ教育からも学ぶ点があります。米国においては、コーオプ教育についての統一した定義はなく、各大学や団体がこれを独自に定めています。たとえば、コーオプ教育について、全米コーオプ教育委員会（NCCE）では、「教室での学習と、学生の学問上・職業上の目標に関係のある分野での有意義な就業体験を通じた学習を融合する、組織化された教育戦略。それによって理論と実践を結び付ける斬新な経験を提供する。コーオプ教育は、学生、教育機関、企業間の連携活動であり、当事者それぞれが固有の責任を追う」と定義しています。

　この様に、海外では高等教育におけるインターンシップのさまざまな取り組みがあります。米国のコーネル大学では、スタットラーホテルが学部校舎に隣接し、学生がサービスオペレーション業務主体のインターンシップを行えるようになっています。同様に、スイスのローザンヌホテルスクールのオンキャンパスのレストランでも、1年生がサービスの基礎実務のインターンシップを実施できるよう工夫されています。また、学外の研修としては、英国のサリー大学が3年間のカリキュラムの2年次と最終年次の間に最低46週間のProfessional Training Placementというサンドイッチ方式のインターンシップ制度を設け、2年次までに体系的に修得したサービスオペレーションとマネジメント知識をベースに、高度なマネジメントないしはプロジェクト型の研修を実施しています。さらに、台湾の国立高雄餐旅大学では、3年次の1年間を必修のインターンシップとするため学生はキャンパス内におらず、全員が国内外の企業で研修を行っています。

　そして、今日、わが国においても、各大学において独自の性格を持つインターンシップがなされるようになりました。

第4節　これからの「あり方」を巡る議論

　このような状況において、今日、これからのインターンシップのあり方を巡るさまざまな議論が展開されています。

　その1つが、グローバル化のもたらしたインターンシップへの影響と、これまでのインターンシップの取り組みについての評価です。今日のインターンシップは、もともと経済のグローバル化に対応するための人材を育成しようとする産業界の思いから出発したものです。行政の動きにも明らかなように、これまでの取り組みを総括し、新たなステージへと進むための課題を明確にし、その方向性を模索する時期に差し掛かっています。グローバル化の波は、これまで以上に高くなり、急速に押し寄せているからです。

　次の3つの観点が、とりわけ重要な意味をもつものとなるでしょう。

1. インターンシップによって、どのようなキャリアが形成されてきたのか。
2. インターンシップは、学生の仕事力の向上に寄与することができたのか。
3. 国内から海外へと活動の場を広げるインターンシップの直面する課題はなにか。

　そして、インターンシップに関する最近の動向を知ることも、これからのインターンシップのあり方を模索するうえで、非常に重要な要因となるでしょう。

　今日、大学におけるキャリア教育の重要性が高まるなかで、多くの大学が特色ある教育の試みとしてインターンシップを導入しています。それは、もはや企業への就職を志す学生の集まる学部に限られたものではありません。インターンシップは、さまざまな学問分野において導入されていますが、このことは、インターンシップの活動が、企業だけではなく、官公庁や学校、医療機関など、幅広い分野に及ぶようになったことを示唆しています。

　このように細分化されたインターンシップの動向を、いわば横断的・包括的にとらえようとする試みは、これまで必ずしも十分なものではありませんでした。しかしながら、それぞれの学問分野において、これまで独自に発展

してきたインターンシップを包括的にとらえることは、これからのインターンシップの進むべき方向性を探るうえで不可欠なことがらと言えます。このことは、日本インターンシップ学会においても、さまざまな学問分野の専門家から、研究成果が発表されるようになったことからも、明らかにすることができるでしょう。

　そして、言うまでもなく、インターンシップの教育的側面における直接の担い手となる学生側からの議論も、これからのインターンシップのあり方を考察するうえで不可欠です。およそ３人に１人が非正規雇用という厳しい状況のなかで、企業が求める人材像を理解し、社会人にふさわしい能力を培うためにも、インターンシップの重要性は、ますます大きくなっています。学生がインターンシップの意義をどのように受け止め、どのように成長できるのかは、インターンシップの事前・事後の取り組みに大きく左右されます。

　インターンシップは、学生が「自分」「仕事」「社会」と真摯に向き合い、キャリア形成に役立つキャリアプランを練りあげるための貴重な機会ですが、そのためには、事前の入念な準備と事後の反省が必要です。そのための具体的な技術や方法は、すでに蓄積されつつあります。その成果を改めて見直し、よりよいものへと洗練させていくことは、インターンシップの充実につながるものと言えるでしょう。

第5節　本書のねらいと構成

　本書では、わが国におけるこれまでのインターンシップの取り組みの成果をふまえつつ、これからのインターンシップのあり方を考えるためのいくつかの手がかりを提供することをねらいとしました。そのための方法として、本書では、３つの視点を設け、「提言編」（第１章から第３章）、「理論編」（第４章から第６章）、「実践編」（第７章から第９章）として構成しました。
「提言編」では、主に、これまでのインターンシップの普及・発展の過程において、課題とされたことがらとこれを克服する試みをふまえつつ、これからのインターンシップの取り組みをよりよいものとするための指針を提供することを目指しています。

第 1 章では、「インターンシップによって、どのようなキャリアが形成されてきたのか」という観点から、「グローバル人材」と「地域貢献」という 2 つのキーワードをもとに、これからのインターンシップの方向性について論じています。

　第 2 章では、「インターンシップは、学生の仕事力の向上に寄与することができたのか」という観点から、わが国のインターンシップの導入と運用の問題点について明らかにするとともに、就職活動生に必要な支援とインターンシップの効果を向上させるための取り組みを明らかにします。

　第 3 章では、「国内から海外へと活動の場を広げるインターンシップの直面する課題はなにか」という観点から、海外インターンシップの今日的な状況を例に、その意義について考察しました。

「理論編」は、インターンシップに関する研究の成果から、最近の動向について、理解を深めることを目指しています。ここでは、特色ある教育の試みとしてのインターンシップの現状に関する 2 つの事例研究と企業以外にも進展し細分化されたさまざまなインターンシップの実態からインターンシップの新たな可能性が明らかにされます。

　第 4 章では、明治大学政治経済学部で実施されているインターンシップを事例として、インターンシップの目的や効果、大学の抱えるインターンシップの課題について考察します。

　第 5 章では、観光教育先進国である米国の観光関連大学のカリキュラムとインターンシップについての調査から、観光関連学部を有する日本の大学におけるインターンシップを中核とした観光教育の実態と課題を明らかにします。

　第 6 章では、わが国のインターンシップの普及・発展の過程において、新たな広がりを見せる企業以外のインターンシップの現状と性格を中心に、インターンシップの今後の可能性について検討します。

「実践編」では、インターンシップの教育的側面から、より具体的なかたちで、これからのインターンシップの実際をイメージしやすくすることを目指しました。そのため、ここでは、インターンシップをより効果的に行うための技術・方法について、できるだけ具体的に示すとともに、今日の社会状況

をふまえつつ、インターンシップの意義を再検討していきます。
　第7章では、インターンシップを効果的に行うために事前に取り組むべきことがらを、「自分と向き合う」「仕事と向き合う」「社会と向き合う」という3つの視点から、学生生活との関連において具体的に示しました。
　第8章では、インターンシップを充実した学びとするため、事後に行われるべき取り組みとそこで必要とされる技術や方法について、「振り返り」「評価」「報告」という順序のもとで、明らかにしていきます。
　第9章では、人生のターニングポイントの1つである就活との関連において、インターンシップを上手に活用するための方法とインターンシップの意義についてまとめました。

第6節　結びにかえて

　グローバルな人材の育成という課題は、今後ますます、重要なものとなっていくでしょう。日本経済は回復の兆しを見せはじめたという意見もある一方で、雇用の流動化はより一層進み、政府の産業競争力会議の雇用・人材分科会から法律で決められた「労働時間の規制」を適用しない新たな働き方が提言されるなど、労働環境もまた大きく変化しつつあります。
　インターンシップは、まさに「学ぶこと」と「働くこと」を一体化させるものであり、その意味において、個々の人間の生き方に多大な影響を与えるものと言えます。このことからも、今後のインターンシップのあり方が、わが国の未来を大きく左右すると言っても過言ではないでしょう。
　本書は、できるだけ専門的な用語を用いず、わかりやすい平易なことばでまとめることを意図しています。しかしながら、日常で用いられることばだけでは、十分に伝えることのできないこともあります。また、一定のねらいのもとで構成されているため、その周辺部分については、詳細に述べているとは言えない部分もありますので、その点をご了承ください。

提言編

> "インターンシップの課題とは何か？
> これから何に取り組むべきか？"

第1章　キャリア形成と地域貢献　　　　　　　　　服部　治
第2章　インターンシップ参加の効果　　　　　　　服部　治
第3章　グローバル時代の海外インターンシップ　佐藤勝彦

第1章 キャリア形成と地域貢献

服部 治

第1節 グローバル時代に求められる人材像

(1) 企業が求めるグローバル人材像

　日本経済のグローバル時代に対応する動きの活発化に伴い、「グローバル人材」の確保と育成という課題が、その先に見えてきました。G7を追い上げているBRICS（ブラジル、ロシア、インド、中国、南アフリカ）をはじめ、アジア、新興国も国際競争力を強化しつつあります。こうした国際的な経済動向のなか、発展のカギを握っているのが「グローバル人材」です。21世紀も10年余を経たいま、日本企業の人材戦略は、国際競争力が激しく競われる時代に適応できているのでしょうか。いまこそ新時代の体制の確立が緊要の時を迎えていると言えるでしょう。

　90年代後半から顕著となってきたグローバル化進展の動きは、多くの企業に「内外の経営環境に対する適応体制をいかに構築するか」を企業命題として等しく浮上させました。企業にとっては、「グローバル人材」の確保・育成が不可欠の要件となり、その対応が迫られています。「グローバル人材」をどう確保し、その有効活用をどう図っていくのか、その度合いを基準に企業の経営力が問われる時期が到来しているのです。

　では、グローバル時代に活躍が期待される「グローバル人材」に求められる素質や知識、能力とは、どのような内容を指すのでしょうか。比率の高い項目を見ると「グローバル人材」像が浮かび上がってきます（「グローバル人材の育成に関する意識調査」経済広報センター、2013年11月）。

　○外国語によるコミュニケーション能力。
　○海外文化・歴史、価値観の差に興味・関心を持ち柔軟に対応する。

○既成概念にとらわれず、チャレンジ精神を持ち続ける。

　企業は、変化に適応できる人材の活躍を求めています。急速な環境の変化に対応できるかどうかが、企業の共通した課題となっているからです。そこで、「グローバル人材」を確保するために、従来の型から転換させた方法や対策を前面に打ち出し、国の枠を超えて海外からも優れた人材を導入する動きが、多くの企業に共通した行動姿勢となったと言えます。

　こうした状況に呼応した大企業による「グローバル人材」の確保・育成に載りだし、その積極的な取り組みが注目されています。その一例を見てみましょう（「産経新聞」2013年4月20日記事より）。

　○ソニー……シンガポールに海外の若手・中堅のリーダーの育成拠点として企業内大学を設置。
　○東芝……アジアや世界の幹部社員を対象にシンガポールで研修を行う。
　○三菱商事……仏のビジネススクール、インシアードのシンガポール校と組み、日本の海外法人の若手社員を対象にした合同研修を行う。
　○三井物産……米のハーバード・ビジネス・スクールと組み、国内外の社員や取引先の幹部候補生も交えた合同研修を行う。

(2) 学生に求められる海外インターンシップへの参加

　4社の動きのなかで共通しているのは、若手社員、幹部候補の育成です。加速するグローバル化の動向は、否応なく世界のビジネス市場で活躍できる人材を必要としています。そのため打つべき手の1つは、若手社員のレベルアップであり、将来を見据えた管理者の育成です。海外における研修の機会は、まさにグローバルな視野をもつ人材の形成に有効だと期待されています。

　こうした企業による社員の海外研修の実施が増えるなか、学生時代の海外インターンシップへの参加は、就職活動時と将来のメリットを確保することにつながるでしょう。日本の大学生の全体的な動きを見ると、海外インターンシップの参加経験は、欧米の学生に比べて少ないと言えます。日本の大学生が、もっと地域や業種を越えて、自分の仕事体験の場を海外インターンシップと連結させていく視線をもつことが大切です。

　これからのインターンシップの検討や取り組みにおいて、海外インターン

シップへの参加は価値を増すに違いありません。前出の4社の例を見ても、人材育成の研修を実施する場は、アジア、EU、米国など世界的な広がりを見ることができます。また、海外での経験は、地域や業種を越えた場面でも活かすことができ、国内の活動を担当する場合にもプラスになるでしょう。

近年、大学におけるインターンシップの実施は、着実な増加傾向を推移しています。文部科学省では、2011年度のインターンシップ実施状況（報道発表）について、調査結果から次のような傾向を提示しています（実施校数、実施比率）。大学（724校、96.8％）、大学院（384校、61.9％）、短期大学（337校、96.6％）、高等専門学校（57校、100％）となっており、実施の動きは積極的です。実施件数の増加は、インターンシップの有効度が広く認められてきたと理解することができます。

いまも国内外の経済情勢が変動し続けるなかで、企業間競争は激しさを増しています。企業の経営力の基軸は、この事態に対応できる「グローバル人材」の確保であり、その目は国内外の人材に広く向けられています。インターンシップでは、「働くということの実感」「仕事能力習得への確認」「職場活動でのメンバーとの関係理解」など、「さまざまな仕事をめぐる場面とそこでの思い」を経験することになるわけです。学生は、この体験を就職活動や入社後の職場活動にどう連結していけばよいのかを考え、インターンシップ経験を自分のプラス面としてどのように発揮し、活用していくかが問われていることを、しっかりと自覚しておくことも必要です。

第2節　学生時代の「仕事体験」がもつ重み

(1) 将来のキャリアにつながる第1歩

前節で見た「新しい人材像」である「グローバル人材」の形成には、国・地域レベルの積極的な政策方針に基づき、経済界や地域産業と学界、労働関係等を巻き込んだ展開が必要となってきます。そうした活動基盤を整備した上でインターンシップの普及を図ることが、「新しい人材」をつくる活動機会を増やす上で重要です。

学生は、インターンシップへの参加により、「仕事を担当する」ことを通じて新しい経験、新しい勤労観を得、やがて新しい職業観をもつようになります。大切なのはそのプロセスです。「仕事を担当する」ことの重要性は、経験することによってはじめて体感できることであり、アルバイトに従事することとは全く異なるものです。それを理解することが、「新しい人材」「グローバル人材」を目指す学生にとって貴重な第1歩となるはずです。

　よく採用後に「仕事ができる」学生は、そのキャリアをどうやって習得してきたのかという点が議論されます。しかし学生時代に就職活動に向けて習得できるのは、知識や技術といった基本的側面だけであると言ってよいでしょう。その基本的側面が「キャリア」として役立つかは、就職活動から実際の就職へと移行してはじめて問われるのです。

　この場面で問題となるのは、学生のイメージしていた仕事の内容と会社の実情の違い、つまり「イメージと現実とのギャップ」です。俗に「ミスマッチ」と呼ばれる状況ですが、多くの先輩も経験し乗り越えてきたことなので怖れることはありません。しかし、「ミスマッチ」は、起こりうることだと事前に理解しておく必要があります。大切なのは、この「ミスマッチ」という事態にどう乗り越えて柔軟に適応していくかということなのです。その乗り越えていくために必要な力が「キャリア」と呼べるもので、学生時の「仕事の経験をした」「難しい職場問題について考えた」「共同で解決案を検討した」などの仕事体験が大きく影響します。

　事実、実際に仕事体験に参加した学生は、いままで漠然ととらえていた仕事観や職業観について正面から考え、意識するきっかけとなり、大きな影響を受けたと言います。さらに着目すべきは、その経験が、就職活動だけでなく就職後の職場の活動や仕事を担当してから直面するさまざまの問題に対して、柔軟な対処や解決を図る行動などにつながっている点です。こうした行動基盤を形作り仕事体験が、インターンシップ活動に求められています。ですから学生は、インターンシップ参加を、新しい自分形成の一翼を広げる機会として位置付けなければなりません。その意欲の度合いがインターンシップの良否に直結してくるからです。

(2) チャレンジ精神を養う機会

　学生であっても、自分が「担当する仕事」への遂行責任、職場のメンバーとの協調、その際の仕事環境、インターン指導による指示・指導への正しい対応など、全てがはじめて学ぶことです。学生が仕事体験を通じて知識や技術の習得しつつ、将来のキャリアにつながる行動基盤を形成できるかは、自分が「担当する仕事」にどう向き合えるかが第1の要件と言えるでしょう。

　そして「担当する仕事」を着実に遂行することで、さらに次のレベルアップを図る仕事を担当する機会が出てくるかもしれません。その際、新しい仕事に対応する態勢は整っているでしょうか。企業の期待する「新しい人材」は「既成概念にとらわれず、チャレンジ精神を持ち続ける」人です。これは、チャレンジする人材によって、自社の従来型の発想や手法を修正・改革し、新しい発想・手法をつくり出していく可能性に期待しているとも言えるでしょう。「チャレンジ」は特別な才能ではありません。自分の仕事に対し、「もう少し前へといった積極性」「一歩前に出る積極的なコミュニケーション」「いまのやり方をおかしいと思える疑問の視点」などをもつことです。インターンシップのなかで、こうしたことに「気づく」ことができ、それを「修正して行動」し、さらにその「結果を分析する」といった流れを自分自身でとらえることができれば、自己の能力を前進させるための「チャレンジ」の基本を整えたことになります。

　インターンシップの期間は、1週間ないしは2週間程度ですが、体験から学ぶこと、体験から習得することは、実施期間の長さに比例するものではありません。所定の期間のなかで、学ぶこと、修得することの充実は、参加学生本人の意識と、体感を吸収できる能力によるところが大きいと言えます。インターンシップにただ漠然と参加することは、受け入れ先に迷惑となるだけでなく、自身にとっても大きな機会喪失となります。慎むべき点と言えるでしょう。就職活動を有利に進めたい、就職活動におけるプラス面を確保したい、企業や経営について少しでも知りたい、組織活動の実体験をしたいなど、明確な意図をもって参加し、行動することが必要です。

(3) 現場が求める期間の延長が課題

　インターンシップは着実な普及を見せていますが、運用面の見直し点、修正点などにも着目しなければなりません。その１つが実習期間の問題です。現場からは、「実習には１ヶ月ぐらいが必要だ」「できれば、６ヶ月が望ましい」など、もっと長い期間を設定できないかという声があがっています。現在のインターンシップの期間は３日間、あるいは１週間や２週間で、その実習期間は、学生を送り出す大学側と受け入れる企業側の協議で決まりますが、現状では期間延長の動きは鈍いというのが実情です。期間の延長を実現するためには、なにが障害要因となっているのでしょうか。その協議・調整には、送り出側と受け入れる側の双方だけでなく、自治体や商工会議所などが支援機関として加わることも、インターンシップの運営にとってプラス要因となるでしょう。

　インターンシップの運用には、４つの活動場面があります。大学等に対する活動、学生等に対する活動、企業に対する活動、支援協力期間や自治体等に対する活動です。それぞれの活動場面における連携・強化が、インターンシップの運営効果を拡大させるかどうかのカギとなっています。

第３節　就職活動や求人戦略との結び付き

(1) 就職活動の準備としてのインターンシップ

　雇用開発センターが2014年４月の卒業者を対象に行った「大学生の就職活動実態・インターンシップ意識調査」によれば、学生の就職活動のなかで、「エントリーシートへの登録」（69.8％）が最も高い比率でした。次に高い比率だったのが「企業セミナーへの参加」（50.6％）、「就職セミナーへの参加」（39.2％）でした。企業から発信される情報には、当然のことながら企業PRを高めた面もあるので、その内容を検討して確認することも必要となるでしょう。

　これら上位比率に次いで「インターンシップ」（31.1％）が一定数を維持しています。同調査では、「インターンシップに参加して就職したくなった」

という学生が33.7％、参加によって「仕事・事業内容が理解できた」という満足度は90％の比率を示しており、こうした学生側の受け止め方も、インターンシップのプラス面を明らかにしていると言えます。インターンシップは、就職活動の準備や行動の分岐点となるものです。就職活動中の学生は、インターンシップによる仕事体験を通じて、将来の職業選択のための事前準備を整えなくてはなりません。インターンシップに参加するには、いろいろな制約や都合があって戸惑う場面があるかもしれません。そうしたときにどうすればいいのでしょうか。まず、就職活動を行う本人が「参加して学ぶ」「参加することによって新しいものを習得する」という気構えを明確にすることが求められます。

　インターンシップに参加するメリットは、確実に高まりつつあるという現状を的確に捉え、行動に移していかなければなりません。参加を決定する意思を早く整えることはもちろん、そのための具体的な準備や態勢を確立することが望まれます。

　その1つが「OB・OGへの訪問」です。前出の雇用開発センターの調査結果では、「OB・OGの訪問」「人材サービス会社の登録・カウンセリング」の比率は低位です。これは、「OB・OGの訪問」は限られた範囲を対象とするため、比率が低いものとなっていると考えられます。しかし「知っている先輩が在籍している」「知人を通じて、先輩を紹介してもらえる」といったことが可能な場合は、積極的に訪問して助言を得たり、意見を伺ったりすることは有効な手段と言えるでしょう。そうした相手からは、いわば本音を聞くことができ、志望先を選択する上で参考になる点が多いはずです。「OB・OGを訪問」することも、就職活動の友好な方法であることを再確認しておきましょう。訪問がうまく進む場合だけでなく、そうでない場合にも直面することもありますが、学生側からは、「訪問する」ことが将来の職業選択のための事前準備を整えることにもなるので、就職活動を確かなものにする条件の1つと言えます。

(2) 「期待する人材像」の伝え方

　一方の企業側も「期待する人材像」をどのように就活学生へ伝達するかで

頭を悩ましています。就職活動中の学生の反応を得るために、企業や組織の魅力や強みを直接説明する「自社主催の会社説明会」を行うにしても、従来の方法をベースにしていては、応募者（学生側）の共感を呼び、入社意欲を高めることは難しいからです。着実に人材を獲得するためには、そこに新しい内容を加えることが必要であり、従来の方法を再検討しなければなりません。企業側が採用の選考方法を再検討し、従来の方法とは異なる内容を加えることで、会社の魅力の伝え方、新たな共感を広げていく方向性が見えてきます。

　会社説明会は、これまでも学生側と会社側の両者にとって重要な機会であることは認識されてきましたが、学生の就職活動行動につながるコミュニケーションとして効果を上げているのでしょうか。学生側からすれば「直接説明を聞く」ことの意味は大きいと言えます。たしかに関連する調査結果を見ると、「説明会が役に立った」という答えは一定の比率を保っています。しかし、「役に立たなかった」と答えた層では、説明内容が「紹介予定派遣」や「採用代行業務」についてだったからとする比率が高くなっています。

　企業側からの「学校への訪問」も役立つ方法と評価されています。学校訪問を機会にした、大学側の就職部門担当者、あるいはキャリア・センター担当者との交流は、やがて会社と大学双方の「募集」「応募」の関係において強いルートになっていくからです。

(3)　中小企業の活用実態と課題

　インターンシップがもたらす効果について、中小企業はどのような働きかけを就職活動の学生に行っているのでしょうか。大企業と同じ募集採用活動をしていては、効率はよくありません。それだけに学校訪問の機会を増やすことが重要です。学校側の担当者との折衝や交流を通じて、就職を目指す学生の本音をうかがうこともできるでしょう。しかし現状では、前出の調査でも、就職活動としての「インターンシップ」の評価は肯定と否定の比率がほぼ同じくらいで、全体からすれば、そう高いとは言えません。これはまだまだ「インターンシップ」の実施比率が低いのも一因です。もっと学生たちにインターンシップへの関心を喚起し、実施比率を高めていくことを中小企業

の求人戦略と結び付けていく必要があります。そうすれば採用実績の面でもプラスの影響が出て、現状を打開していくことになるでしょう。

　中小企業が、インターンシップをまだまだ活用していないのは、制度上の問題よりも、企業側の負担という運用面の問題が大きいため消極的にならざるを得ないという要因もあります。こうしたインターンシップをめぐって、活用の工夫や、新しい仕組み構想することは、学校と企業の領域だけでなく、双方の関係や運営を支える機関などの存在が重要です。そこで、企業側の負担を軽減する観点から、地域の商工会議所などが、まず受け入れ先企業を推薦し、大学の教職員が各企業に合った独自の研修プログラムを作成して学生を送り込むという仕組みがつくられています。こうしたインターンシップを進める学校と企業の関係を、地域の商工会議所などが橋渡しする事例が増えれば、学生がインターンシップを活用する上で中小企業も大きな比重をもつことになるはずです。

　インターンシップ制度を活用して将来の人材を確保したい中小企業は、新規卒業予定者を実習生として受け入れ、実際の現場で仕事を遂行できる能力を習得させようと取り組んでいます。そうした中小企業は、確実に増えつつありますが、この傾向を定着させていくためには、中小企業側の働きかけだけではなかなか効果をあげられません。学生側も企業規模に偏重しないで、インターンシップについての意識を持ち、自主的な行動へと結び付いていかなければならないでしょう。そうした「新しい就職活動」の環境づくりや態勢をとっていくことができるのかは、企業だけでなく、学生にも問われている問題でもあるのです。

(4) 就業後のミスマッチを生じさせないために

　これまで「入社を希望する側」と「採用を決定する側」の接点づくりには、ミスマッチが少なくありませんでした。両者のミスマッチは避けられないものであり、これまでの就職活動は、その入り口の段階で準備は万全ではなかったのです。その改善には、ミスマッチになる要因があったからだということを改めて認める必要があります。

　ミスマッチを感じた学生側の声に耳を傾けると、組織活動に基づいた仕事

の経験がないことや、仕事を遂行する態度や行動の要件が整う前に仕事を担当したなどの事例が聞かれます。事前に想像していた仕事を遂行するイメージと、実際に仕事を担当して経験することにギャップがあること知ったと言うのです。こうしたことは、事前に予想できるところですが、実際に経験することで感じるギャップは、当人にとって予想以上にきびしいものとなって反映してきます。

　経験がないゆえにはねかえってくるギャップの影響は深刻です。「ギャップを感じる」「ギャップを受け止める」ことへの衝撃に対し、弾力的に呼応できないため、モチベーションの減退に留まらず、現状打開のばねをつくれないことで、ついには離職という両者にとって残念な事態に直面することにもなりかねません。ギャップからの衝撃をやわらかく受け止めることはできないのでしょうか？　そうしたミスマッチやギャップを生じさせないために、企業代表者、学生、保護者、教育関係者が一堂に集い、意見の交換を図ることで、今日の就職活動においてインターンシップという仕事体験の形態と意義を確認する機会をもつことが重要と推察されます。

第4節　地域と連携したインターンシップの事例

(1)　神奈川県版インターシップ・モデル事業

　平成23年度からスタートした「神奈川県版インターンシップ・モデル事業」は、事業の実施の目的について「地元企業での実施を通じて、大学生の就労力の向上を図り、地域の活性化につながる次世代人材を育成する地域連携の仕組みを構築する」と提示しています。現在、県下にある神奈川大学、関東学院大学、東海大学が参加しており、35事業所で研修生108名が修了（平成25年実績）しています。

　同事業は、4つの特色をもっています。
　①研修内容の明示……事前に実習スケジュールを作成して、内容について理解する機会をつくっている。
　②キャリア教育重視……1年次、2年次、3年次を対象に就業力向上に連

動した教育機会として運営している。

③実習日数を最低でも5日……実習による効果を高めるうえで、5日以上を必要期間としている。

④事前研修、報告会の準備・実施……学生の参加意識を高めるために事前・事後の研修を実施している。

①の研修内容を明らかにすることによって、学生のインターンシップに対する志望、取り組み方などに影響を与えます。内容を見て、仕事への興味を喚起し参加しようとの意志が前向きになることも予想されます。

②のキャリア教育を重視しようとする意図は、学生のインターンシップへの早期の取り組みに結び付けられています。仕事意識、職業観などを1年次から経験することの意義は大きいと認識することができます。それぞれに学生にとって、自分の進路を考えることは重要であり、就職というテーマを早めに意識することによって、キャリア習得に対する姿勢にもプラスの影響を及ばすことになるでしょう。

③の実習期間は「最低でも5日」を明示している点は、大事なところです。学生を送る大学側と学生を受け入れる企業等側の事情を調整した現段階での妥当な線と理解することができます。今後は1週間程度に増やすことを大学・企業等の間で検討されることが望まれます。

④の事前研修と報告会の実施は、インターンシップの運営効果を確認するという観点からも、不可欠と言えるでしょう。事前研修や報告会が段取り良く実施されている場合とそうでない場合を想定するとき、その効果の大きさはきわめて明らかです。事前研修と報告会（事後研修）の実施に伴い、その動きがインターンシップ活動の効果度に連動していくことは実証されているところです。

インターンシップの実施にあたっては、研修生（学生）にも次のような対応が求められます。

○研修生はインターンシップの実施に先立ち、受け入れ機関へ事前訪問を行う。

○研修生は、研修日程の最終日に研修結果報告書を受け入れ機関に提出する。

○受け入れ機関は、研修日程終了後、研修生に関する評価報告書を作成し、県に提出する。

　運営面では、学生を送り出す時期（夏休み、冬休み期間が最も多い）と研修生を受け入れる企業等の望ましい時期が必ずしも一致していないところもあります。こうした両者間による実施時期の見直しは可能となるのでしょうか？　日数については、同事業では最低でも5日間を明示したことによって、インターンシップ期間は定着しつつあると言えます。研修による効果を挙げるためにも、2週間程度の延長できる態勢づくりが期待されます。

　研修生へのアンケート結果は、インターンシップによるさまざま経験は、「仕事を担当することの意義」「就業意識の修正」「新しい勤労意欲の喚起」など、おおむねプラスとなって受け止められています。同事業の効果面を裏付けているものと理解することができます。送り出す側の大学には、学生のインターンシップ参加に際しての基本要件（就業することの意識・態度、参加意識の醸成、参加における仕事知識・技術への習得姿勢、単位取得確保の取り組みなど）を事前に理解させて、インターンシップに参加する準備、心構えを整えておくことが重要です。その準備の度合いが学生にとってインターンシップの効果に反響してくると捉えなければなりません。

　一方、受け入れる側の企業等においては、スケジュールの進捗度、研修生の反応などに留意して、わずかであっても研修生にとって能力発揮の機会をつくることが強く望まれるところです。

　次にアンケート結果に表れた運営評価と運営の着目点を見てみましょう。

　研修生からの意見から見たインターンシップへの応募理由では、「興味のある企業・業種であったこと」（37％）、「どんな制度でも、インターンシップ体験がしたかったこと」（37％）が高い比率でした。ここでは、学生側の企業・業種への関心とインターンシップ体験への関心が表示され、参加意識の背景として推察することができます。

　インターンシップを体験してみようとの意見は、制度への関心と具体的な行動と結びつきが感じられ、運営活動の広がりが予想でき、運営活動にあたる関係先の一層の連携強化が期待されます。

　着目すべきことの第1点に、制度を体験した研修生たちの評価実績をあげ

ることができます。5点の「とても満足」が38％、4点の「満足」が45％と高評価で、そのなかには「思っていた以上に楽しいインターンシップだった」「業界について詳しく学ぶことができた」などの意見がありました。他方、受け入れ側の企業等からの意見では、実習時期、実習期間については「おおむね適切だった」が84％となっています。

　第2点は、受け入れによる社内の影響については、「研修生に教えることを通じて社員の士気が向上した」「社員のスキル向上につながった」という点が最も高い比率となったことです。

　第3点は、研修内容が事前に明示されていることです。それに伴いインターンシップの目標が立てやすくなった点が指摘されました。関係者の協議・調整によるもので成功要因と推察されます。事前研修と報告会（事後）の重視は、同事業における重要な側面と言えます。研修生のインターンシップでの仕事体験がどのように成果をあげたのか、今後の改善点はどこかなどについて確認し、検討していく事業運営の姿勢は変わっていません。

　同事業の推進にあたっている神奈川県政策研究・大学連携センターの岸本啓主査は、運営の方向性を次のように述べています。

「神奈川版インターシップを通じて、大学生の就業体験による"就業力"の向上は大きな効果があったと考えています。今後は、"就業力"を"社会人基礎力"にまで拡げ、対象を県内大学に広めるとともに、大学の教育活動とも、連携した、新たな事業を展開したいと考えています。その際にも、県、大学（学生）、企業等との連携は重視したい、と考えている」

(2)　川崎商工会議所の川崎インターンシップ事業

　川崎インターンシップ事業は、平成24年度で第6回を数えます。第1回では25名参加・12社でしたが、着実にその数を増して第5回では、91名参加・30社となっています。これは、活動の定着化と受け止めることができます。インターンに参加する学生数が増える一方で、それを受け入れる企業が増加しつつあることから、制度への期待感も高まってくることが推察されるでしょう。

　同事業は、「インターンシップとして学生を受け入れたい企業」と「イン

ターンシップに参加したい学生」の意向マッチングに重点を置いており、川崎インターンシップ推進協議会（企業、大学担当者、商工会議所による3者構成）のもとに円滑な運営を進めています。

　また、その目的として次の4点が表明されています。
○次世代の「川崎経済の担い手」となる人材を育成。
○学生の就労意識を高め、職業選択の幅を広げる。
○就職活動における企業と学生のミスマッチを解消。
○会員企業に周知、企業と大学との架け橋に。
企業側の運用目的は次の4点です。
○学生への指導を通じた社会教育として。
○自社・業界の広報・PR・イメージアップ活動として。
○就職を控えた大学生との出会いの接点として。
○次年度新入社員への研修準備、採用方針の参考に。
一方、学生側の運用目的は次の4点です。
○就職活動前に企業での就労を実体験
○大学で学んだ専門知識を企業での実験。
○就職活動での企業・業種の選択肢を広げる。
○就職活動のエントリーシート作成や面接の実践。

　川崎市内の7大学（昭和音楽大学、洗足音楽大学、専修大学、田園調布学園大学、日本女子大学、明治大学、和光大学）、市内企業、川崎商工会議所が連携・協力して運用しています。

　アンケート結果に表れた運営評価と運営の着目点を見てみましょう。「インターンシップへの参加目的とメリット」について企業側の回答を集めたものです。最も比率の高いのは、「地域貢献活動」です。インターンシップと地域貢献活動を結び付けようとする動きが活発であり、それだけ地域産業の振興が優先課題として浮上しているものと理解することができます。

　同アンケートの結果で注目したい点に「学生の実習に対する取り組み姿勢について」があげられます。受け入れ企業の81％が「大変よかった・よかった」と回答しており、「積極的でとても明るく元気があった」「真摯で熱心な取り組み姿勢でした」と評価しています。また、実習前後で学生の就労意識

の変化については、「たいへん向上した」「やや向上した」のプラス評価が上位でした。

　他方、学生側はどう反応しているのでしょうか。インターンシップ参加の理由として、学生たちの回答で高い比率を示したのは4点でした。
　①会社や社会・業界への見識や知識が増えた。
　②今後の就職活動に対する意欲が湧いた。
　③他大学の学生と交流をもつことができた。
　④自分の適性や興味がわかった。

　参加した学生は、インターンシップによる就業体験で「就業」という新しいビジネス場面を経験したことが、プラスになったことを率直に受け止めています。こうした思いや基本的な仕事知識・技術の習得がキャリア向上への基礎をつくっていくことに着目することが必要です。

　①「会社や社会・業界への見識や知識が増えた」は、やがてビジネス活動に従事するうえで有力な支えとなるでしょう。短期間の仕事経験であっても、後日、そのプラス面が活かされることでインターンシップの効果を実感すると確信したいものです。

　②「今後の就職活動に対する意欲が湧いた」は、就業後の働くことへの意欲の高まりへと継続していくことが望まれます。インターンシップを体験することで、どのような時に仕事意欲が高くなったのか、仕事への積極的な対応や態度というのはどのような場合につくられるのかなど、学生にとって新しい発見となるかもしれません。それは、必ずしもプラス面ばかりでなく、マイナス面も経験することが想定されます。そうした「仕事領域の新しい発見」を、どのように将来の有効なものへとつなげていくかがポイントであり、学生にとっては自分の課題として考え、適応していく姿勢が期待されます。

　③「他大学の学生との交流をもつことができた」も大事な機会となります。インターンシップ参加によって、語り合う、話し合う機会をもつ可能性は想像以上に高いものです。他大学との学生交流が「ものの考え方」「現状を変えていく際の行動」「抱えている悩みを解きほぐす」など、いままで意識していなかったことに改めて気づく機会や、場面を好転させるきっかけとなるかもしれません。

④「自分の適性や興味がわかった」ことで、「こんなところに仕事のおもしろさがあった」などの実感を得たならば、インターンシップの確たる成果と言えるでしょう。もともとインターンシップは、学生が一定期間にビジネス遂行を体験することによって、職業観、勤労観を形成することを意図の1つとしているからです。それは、採用する企業側からも強く望まれているところです。

川崎インターンシップ事業を担当する川崎商工会議所地域産業部の担当職員は、今後の運営について、次のように表明しています。

「地域の活性化と地域産業の発展につながるように、インターンシップの活動に一層の重点を置く。今後の取り組みとしては、活動の有効度を検証するためにも、参加した学生の就職状況、インターンシップの役立ったところを調査し、把握したいと考えている」

学生のインターンシップの受け止め方や認識が、就業後の活動にどう連結していくのかに多方面からの関心が集まるなか、学生側と企業側をつないで活動を推進していく川崎商工会議所への期待は高まっているのです。

第5節　中小企業が取り組むインターンシップの事例

求人の優位性をもつ大企業に比べ、中小企業では十分に人材が確保できていないのが現状です。就職活動をしている学生の志望選考を、大企業から中小企業へと転換させていくことが大きな課題となっています。その現状打開の動きは、中小企業のインターンシップ受け入れ姿勢にも現れ、取り組みも着実に広がりを見せています。

(1)　中小企業家同友会全国協議会のインターンシップ活動

中小企業の取り組みでは、中小企業家同友会（以下、同友会）が1998年から着手した活動が注目されています。同友会の動きは、愛知、京都、愛媛から始まり、今日では全国的な展開となっており、インターンシップの実績が定着しつつあると言えます。中小企業を「経済を牽引する力であり、社会の主役」と位置付けた「中小企業憲章」（2010年6月に閣議決定）を受け、イン

ターンシップに取り組み、若者に中小企業で働く魅力を知らせ、地域を活性化していくための産学連携の一環として進めています。こうしたインターンシップの取り組みの意義は、次のように４点にわたり提示されています。

○中小企業でのインターンシップを経験することで、学生（生徒）が経営理念や中小企業の役割を理解し、学校は中小企業の発展を通じて豊かな地域づくりをめざす同友会の活動を理解することにつながります。継続的で信頼関係の保てる活動とすることが大切です。

○同友会としてインターンシップに取り組むことは、優れた人材が中小企業で働く、若者が自ら起業するなど、共同求人活動と同様に、若い力を郷土に根づかせ、共に郷土の繁栄を築く壮大なロマンの実現へ向けての運動でもあります。そのためには丁寧な対応と同時に長い時間をかけて変革していく視点が必要です。

○受け入れ企業になることは、自社を見直す契機となり、社員の経営理念への認識や働くことへの自覚が高まり、人材育成につながります。社内に受け入れ体制を作る中で、社内業務の整理・マニュアル化などがすすめられ、新卒採用・教育の基盤作りともなります。学生（生徒）を受け入れることは、企業が学生（生徒）の教育の一端を担うことです。同友会が進めている、経営指針（経営理念、経営方針、経営計画）を見直しなどにつながり、強い体質の企業づくりをさらに進めていくことになります。

○学校教育に中小企業の現場がもつ人間形成力、教育力を生かすことで、学生（生徒）は、生きることや働くことについて、落ち着いて主体的に考えることができるようになっていきます。また、人間が生きるとはどういうことかを生身の姿から学び、すてきな働き方があることを知り、働くことの意義を考えていきます。次代を担う若者の主体性を大切にし、自立を促しながら、共に育ちあう関係を築いていきたいものです。

(2)　中小企業による受け入れの成果と課題

　インターンシップの運営によって得られる効果は、参加する学生側と受け入る企業側の双方にとって、維持・確保されることが望ましいと言えます。

同友会で集約された「企業にとっての成果と課題」は、中小企業側からの観点でとらえたもので示唆に富んでいます。

　まず成果面では、第1点として、受け入れに伴い「社内体制を見直し、整備する機会となった」ことがあげられています。現行の社内体制、組織活動の改善につながる動きとなったことは、インターンシップの受け入れが刺激剤として効果があったと言えるでしょう。

　第2点としてあげられているのは、「在籍社員の業務遂行に対する仕事意欲」や「積極的な行動を喚起することにつながった」ことです。職場の活動に新しいメンバーを加えたことによって、社員もそれぞれに働くことの意識を高めたのですから、インターンシップを受け入れた影響が、職場の風土を変えるという側面にまで波及したと推察できます。その影響は、社員のモチベーションやメンバーシップにまで広がりをもち、一定期間であるにせよ新しいメンバーが加わった職場の編成が、社員たちの意識喚起に結びついた点は注目に値します。

　第3点は、インターンシップに参加した学生たちの若い力が「仕事の遂行に反映した」ことがあげられます。これは、従来の若者観を修正するきっかけとなる要素を含んでいます。若者のよい点を認める、評価するといった新しい観点をもつことにもつながるからです。そのことが現職の若年層に対して先輩社員がよい点に着目して育成・指導していくなどの新たな動きとなっていくことが期待されます。一方、こうした仕事の体感が、学生の職業観、勤労観を高めていいきます。インターンシップで担当した仕事について「認めてもらう」ことがあれば、学生側も仕事経験を「よい機会」に結び付けていくからです。

　さて、受け入れ側の課題については、大別して2つの面があります。

　1つは、受け入れ体制を巡るものです。学生側に対し、仕事担当の指導が十分でなかった点があげられていますが、指導担当者の選定や実施について、事前事後の協議やフォローなどが今後の修正事項と言えます。

　もう1つは、学生側の希望点と企業側の期待点のマッチングをどう図るかという課題です。両者の意向を合わせて運営効果を確認するための調整は、インターンシップの継続と有効度を高める上で重要な側面と言えるでしょう。

同時に、関係機関（行政や商工会議所など）との事前事後の協議や確認などの協力体制もより一層必要となります。たとえば沖縄県中小企業家同友会では、5つの地域で推進協議会を開催して、見学方式とは異なるジョブ・シャドウ（Job Shadow）方法を導入して、メンター（職場担当）のもとに生徒（高校の1年生と2年生が対象）が仕事内容を学ぶ機会を運用しています。

　中小企業の取り組むインターンシップでは、大企業とは異なる受け入れの特徴を個別の企業でどのようにつくっていくかが課題となります。参加する学生側にとっても関心の高いところです。中小企業では、この「企業にとっての成果と課題」の事例からも学ぶべき点が多いと言えるでしょう。

(3) 今後の運営の課題、学校への要望

　中小企業側から見た学校への要望は、全般的に厳しい内容を織り込んだものと言えます。受け入れ側から見たインターンシップ運営には、現状をよくするためにもっと改善すべき点がり、その要望事項は次の3点に集約することができます。

　○運営にあたっては、事前事後で学校側との調整や協議によって、有効に実施したい点や、学校側の柔軟な調整対応を望む意向があげられており、学校側の都合を優先するような方法を問題視している様子がうかがわれる。円滑な運営を進めるには、やはり事前の両者間の調整は欠かせない。
　○学校側担当者は、インターンシップの目的や役割について理解した上で運営を担当し、進めることを要望している。学生を送る側と受け入れて仕事の機会をつくる側との間のコミュニケーションが重要である。
　○インターンシップについて学校側と企業側（同友会）を結ぶ行政（職業安定所など）や関係機関に対して、地域性を配慮した活動継続のため、支援の強化が要望されている。中小企業家同友会は、地域との連携、地域への貢献を意識して活動を推進している。行政や関係機関との調整、協力体制による効果をどう高めていくかに期待が寄せられている。

　同友会の平田美穂事務局長は、活動展開について次のように指摘しています。
「中小企業が元気になれば、地域も元気になる。若者とともに地域の豊かな

未来をつくることを目指して活動しています。インターンシップもその一環ですが、学生、生徒のみなさんには、とくに中小企業を知る機会をつくり、関心を高めていただきたい。若い皆さんが地域の中小企業で活躍できる環境をつくることが地域発展の貢献につながります。インターンシッを通じて産学連携の人材育成にもつなげていきたいと考えています」

中小企業家同友会のインターンシップの取り組みは、全国的なレベルで推進されています。その取り組みの地域対象の調査（2013年3月）から、運用上の成果、問題点、要望なども提起されています。地域事情などによって異なる内容となっていますが、主な動きを見てみましょう。

まず企業側の成果と課題です。

○インターンシップは、単なる就業体験ではなく、企業が経営上の課題を与えて、それに対する報告書をまとめるという手法をとっているため、企業側にもメリット（参考になる事項）がある。ただ1週間という限られた時間のため限界がる。事前事後の打ち合わせ、フォローが重要となるが、まだ十分ではない。

○受け入れ側にとっては企業内整備ができ、社員の意識も高まった。社内のムードが変わり、意欲的な姿勢が社員に影響を及ぼした。学生に業務をどこまで担ってもらうか不明確な面があった。

○企業にとっては、「新しい風が吹いた」「新鮮な目で新製品の開発を行ってもらった」「若い力のもっているよさを社内で感じた」「日常の業務の見直しができた」「新入社員研修の視点がまとまった」などの成果が出た。課題としては、学生の希望と企業のマッチング、自発的に学ぶ姿勢を喚起するような事前学習の必要性などが挙げられる。

○企業の仕組みを見直す機会となった。新卒採用の必要性をインターンシップから学んだ。社内コミュニケーションが不十分であることに気づいた。経営理念を十分に伝えることができなかった。

○成果面としては、現在の学生の仕事に対する意識を知ることができた。社員の業務への取り組み、意識の向上が見られたこと。課題面としては、自分の仕事をしながらの指導となり、行き届いた指導ができなかったこと。

○直接的には、研修学生が研修先以外の受け入れ企業に就職した。学生と連携した新たな事業が立ち上がった。具体的には、企業のホームペイジ作成や商工会議所と学生と受け入れ企業が連携した、商店街紹介のHPなど。

次に企業から学校への要望を見てみましょう。

○先生方との打ち合わせを入念にし、可能であれば、先生方に一度企業を見ていただく。

○期間や時期など学校側の都合だけでなく、企業の状況も聞いたうえで、お互いに柔軟に調整できる環境をつくる。

○学校のインターンシップ担当部署および担当教官・教諭は、インターンシップの目的や役割を事前に学習し理解しなければならない。

○「何も分からないから、相談に来た」「企業・団体は協力して当たり前」「（学校や教員は）忙しい」「同友会に行けば全てやってくれると聞いた」という教官・教諭はインターンシップ担当にすべきではない。

○インターンシップの日程を学校行事の都合のみで決定すべきでない。受け入れ企業の繁閑期、企業の人員や社内体制などを受け入れ企業と事前に打ち合わせ日程を組むべきである。

○インターンシップについて学校・担当者同士の連絡体制や経験交流の場がほとんどない。

○一度形になってくると、過去実績企業をもとに学校が自前でインターンシップを進める高校が出てくる。学校独自で自由に進めたいという意図はわからないでもないが、企業にとっては学校ごとに個別に対応するという煩雑さが出てきている。

○地域全体として、職安などの行政がマッチング・中間機能をもった形でインターンシップを運営しなければいけないのではないか。

第2章　インターンシップ参加の効果

服部　治

第1節　見直しが迫られる日本式インターンシップ

(1)　就職と切り離されてきた日本式インターンシップ

　経営分野におけるグローバル体制の確立には、活動する「人」が大きな課題となります。その問題がクローズアップされ、国や地域レベルで課題解決に向けた産学連携の施策の1つが「インターンシップ」なのです。グローバル時代のインターンシップについて改めて理解し、その運用メリットを確認し、行動に結び付けていくときが、いまこそ到来したと言えます。「就職活動を目指す」「就職活動で手応えをつかむ」ことを望む学生にとって、まず重要なのは自分の行動をスタートさせることですが、それはインターンシップに直結していなければなりません。これまでの自分とは異なる新しい経験としての「インターンシップに参加する」ための行動を自ら始めてください。

　課題である「人」の問題には、人材として期待される学生の動向に重要な側面があると言えるでしょう。近年、大学生の約2割、10万余の学生が正規の職業に就けないまま卒業する状況が続いています。文部科学省は、その打開のために大学設置基準を改定して平成23年4月より職業教育（キャリア・ガイダンス）の実施を義務付けました。いま、その中心となるインターンシップの動きに注目が集まっているのです。

　わが国では、インターンシップを「学生が在学中に自らの専攻、将来のキャリアに関した就業体験を行うこと」と幅広く定義し、大学のイニシアチブの有無、実施期間、実施形態などについて多様なものを認めています。そしてインターンシップを効果的に実施するための条件として次の6項目が、平成10年に労働省（当時）より提示され、推進されてきました。

○学生の職業意識の啓発、職業選択の円滑化に資するものであること。
○学校内における教育との連続性・関連性を有するものであること。
○学校と産業界等との連携・協力により行われるものであること。
○制度の運用に関し、責任の所在と役割分担が明確になっていること。
○特定の学校や企業等に偏ることなく、希望者に対して開かれた制度であること。
○採用・就職活動の秩序に悪影響を及ぼすものでないこと。
(「『インターンシップ等学生の就業体験のあり方に関する研究会』報告」労働省、平成10年3月)

　このように、わが国のインターンシップは、カリキュラム改革などの大学改革に加えて、バブル経済崩壊後の厳しい就職難や高い離職率の問題など、雇用のミスマッチを解消するために導入されたものの、欧米のインターンシップと異なり就職とは完全に切り離したスタイルで導入されました。

(2) 産業界からのインターンシップ見直しの提言

　日本経済団体連合会（経団連）も、採用選考活動に関する基本的な考え方を示した「採用選考に関する企業の倫理憲章」（倫理憲章）のなかで、「インターンシップは、産学連携による人材育成の観点から、学生の就業体験の機会を提供するものである。したがって、その実施にあたっては、採用選考活動（広報活動・選考活動）とは一切関係ないことを明確にして行うこととする」と明記しています。こうしたことから、就職と結び付けることは、インターンシップの本旨ではないとの受け止め方が一般に広がっていったのです。

　しかし、もともと欧米のインターンシップは、学生と企業を結び付ける「マッチング機能」を有し、多くの学生がインターンシップを通じて就職しています。学生が就職活動で悩み、10万人を超す学生が就職できずに卒業しているにもかかわらず、わが国のインターンシップが就職に門戸を閉ざすことに、さまざまな葛藤がありました。

　経済同友会は「新卒採用問題に対する意見」（2012年）のなかで、「就職に直結するインターンシップは行わないことになっているが、インターンシップは学生と企業がお互いを知る機会でもあり、本来、マッチングに有効であ

る。今後、インターンシップのあり方について見直すことも検討していくべきであろう」と提言しています。正鵠を射た提言と言えるでしょう。インターンシップにおいても学生、企業、大学が相互に Win-Win の関係をどうつくるかについても検討が必要となってきたのです。お互いがメリットを得られるような「新しいタイプのインターンシップ」を早期に構築することが、いま求められています。

第2節　グローバル時代に呼応した学生と大学の対応

(1)　学生に求められる就職活動のレベルの向上

　経済・経営の情勢が激しく推移する時代、産業界や企業は、当面する環境の情勢を的確に理解し、判断して行動できる人材をどう確保し育成していくかが問われています。今日のグローバル時代にふさわしい人材をいかに有効活用して成果に結び付けていくのかが、共通の課題としてクローズアップされているのです。

　そこで求められているのは、グローバル化による経済や経営の動向変化や多様な社会ニーズを敏感に受け止め、新しい経営価値（モノ、サービス、環境）を創造できる人材です。現行のインターンシップも、こうした創造的人材の育成に主眼を置いています。また、人材像の形成には、就職活動をめぐる学生と学校、企業の動きを軸にして、関係機関や団体、地域商工関係、官庁や自治体などによる総合的かつ体系的な制度運用が推進されています。その意図の徹底や目標点の到達までには、乗り越えなければならない難所も存在しますが、インターンシップの歩みは前進していると言えるでしょう。就職活動を目指す学生の側も、この動きをとらえて自分の就職活動の「レベルの向上」に結び付けて行くことが大切です。

(2)　大学のインターンシップ運用事例

　それでは、大学におけるインターンシップはどのように運営されているのでしょうか。社会的ニーズに合致した高度な専門の人材を養成している大学

の事例を見てみましょう。

○名古屋大学の研究インターンシップ……学生の研究課題を社会的価値の視点で見直し「社会の要請に応える研究開発」の実務体験を進め、リーダーシップが発揮できる人材の育成を目指す。参加者は、実務体験を進めながら、もう１つの側面として社会的要請への適応を目指すことで、個人的な志望領域を越えた社会的問題も重視できる人材育成インターシップとして実施いるのが特徴。

○東京工業大学の海外インターンシップ……海外に多様な受け入れ先を開拓し、社会の課題解決をテーマに、産学連携によるインターンシップを実現している。

○帝塚山大学のインターンシップ……アジアを中心に、今後の国際的な発展が期待されるコンテンツ事業の分野で活躍できる知的財産の専門家を養成するプログラムを実施している。

わが国は、海外進出を潮流として企業の経営活動を展開してきました。21世紀に入り、グローバル化の波は、そのスピードをいっそう加速させています。企業の海外での経営活動の展開に伴い、外資系、日系いずれも「可能性をもつ即戦力を確保しよう」とする姿勢は共通したものとなっています。日本企業の進路は、グローバル化への対応と同一線上に位置付けられるべきとの視点に立つなら、海外インターンシップについても着目し、学生側と企業側の双方が積極的に取り組むべき時機にあると言えるでしょう。

学生側にとって海外インターンシップは、まさに未知の体験と言えるものですが、「自分にとっての新しい活動機会を作る」機会となる大切な場面です。しかし、現状では、企業のグローバル化対応の動きに対して、学生の側からの「海外で就業体験をもちたい」「海外で企業活動を体験してみたい」といった取り組みは旺盛とは言えないようです。具体的に取り組み、計画的に行動している学生の数は、海外の学生たちのインターンシップ行動の全体像と比べて見てまだまだ少ない点が懸念されます。

前出の東京工業大学や帝塚山大学の事例は、海外での活動に向けたインターンシップの活用であり、高度な問題への対応や解決を目指すプログラムを実施しています。体験研修のレベルの高い問題や難度の高い問題に対して、

どのように取り組んでいけばよいのでしょうか。経営の課題解決という場面に直面する参加者は、激動する環境のなかでその動向に注目しながら目前の課題解決にあたらなければなりません。その作業は、これまで経験したことのない状況のもと、課題を探り、解決の具体化を図っていくものです。

一方、国内の地域の活性化につながる取り組みとして、次のような大学の動きがあります。

- ○岡山大学……瀬戸内地域の企業と密接な連携をとり、企業の周辺にインターシップ・サテライトラボを設置し、そこを拠点としてインターンシップを実施。
- ○立教大学……大学と地元企業の有機的な連携のために、地元の信用金庫が間に入るといった、他大学には見られないユニークな教育手法を開発。
- ○福井大学……地域産業の発展を目指して、地元企業を派遣先の主な対象に選定した結果、学生の地元企業への就職率が向上。

第3節　参加した学生、大学、企業の反応

(1)　インターンシップのプラス面

現行のインターンシップ制度の運用においては、参加した学生、派遣した大学、導入した企業の3者の立場で次のような反応が提示されています。

- ○学生側……自分の専門や研究が、社会や周辺の専門分野とどう関連しているのかを意識するようになったと評価。
- ○大学（指導教員等）側……大学教育に対して社会が要請している具体的内容が把握できたことや、参加学生の顕著な成長を評価。
- ○企業側からの反応……大学との共同研究が進展したことや、社員の教育にもつながったことなどを評価。

こうしたプラス面の評価を、今後も確実に継承していくにはどのように取り組めばよいのでしょうか？　また、制度の運用をどこまで総合的かつ体系的に取り組めば実効を上げていくことができるのでしょうか？　これらの問いに応える準備を整えながら、取り組みを継続していかなければなりません。

その際、切り口の1つとなるのが、現状の展開に対する評価です。チェック事項を設定し、点検などを実施した評価をつうじて、改めて問題点をクローズアップすることができます。問題点が明確になれば、早い対処や解決を図るための行動が可能です。

　ここで、文部科学省、経済産業省、厚生労働省による3省合意の「インターンシップの推進に当たっての基本的な考え方」（2014年4月見直し）から、インターンシップの意義について「大学等及び学生にとっての意義」「企業等における意義」を見てみましょう。

[大学等及び学生にとっての意義]

○キャリア教育・専門教育としての意義……大学等におけるキャリア教育・専門教育を一層推進する観点から、インターンシップは有効な取組である。

○教育内容・方法の改善・充実……アカデミックな教育研究と社会での実地の体験を結びつけることが可能となり、大学等における教育内容・方法の改善・充実につながる。また、学生の新たな学習意欲を喚起する契機となることも期待できる。

○高い職業意識の育成……学生が自己の職業適性や将来設計について考える機会となり、主体的な職業選択や高い職業意識の育成が図られる。また、これにより、就職後の職場への適応力や定着率の向上にもつながる。

○自主性・独創性のある人材の育成……企業等の現場において、企画提案や課題解決の実務を経験したり、就業体験を積み、専門分野における高度な知識・技術に触れながら実務能力を高めることは、課題発見・探求能力、実行力といった「社会人基礎力」や「基礎的・汎用的能力」などの社会人として必要な能力を高め、自主的に考え行動できる人材の育成にもつながる。また、企業等の現場において独創的な技術やノウハウ等がもたらすダイナミズムを目の当たりにすることにより、21世紀における新規産業の担い手となる独創性と未知の分野に挑戦する意欲を持った人材の育成にも資する。

[企業等における意義]

○実践的な人材の育成……インターシップによって学生が得る成果は、就

職後の企業等において実践的な能力として発揮されるものであり、インターンシップの普及は実社会への適応能力のより高い実践的な人材の育成につながる。
○大学等の教育への産業界等のニーズの反映……インターンシップの実施を通じて大学等と連携を図ることにより、大学等に新たな産業分野の動向をふまえた産業界等のニーズを伝えることができ、大学等の教育にこれを反映させていくことにつながる。
○企業等に対する理解の促進、魅力発信……大学等と企業等の接点が増えることにより、相互の情報の発信・受信の促進につながり、企業等の実態について学生の理解を促す一つの契機になる。これについては、特に中小企業やベンチャー企業等にとって意義が大きいものと思われ、中小企業等の魅力発信としてもインターンシップは有益な取組である。さらに、インターンシップを通じて学生が各企業等の業態、業種又は業務内容についての理解を深めることによる就業希望の促進が可能となることや、受入企業等において若手人材の育成の効果が認められる。また、学生のアイディアを活かすような企業等以外の人材による新たな視点等の活用は企業等の活動におけるメリットにもつながる。これらの企業等の受入れの意義を大学等及び企業等において共有することが重要である。

　インターンシップの導入には、当事者である学生側と企業・組織側が「新しい育成視点」と「新しい教育機会」の重要性を理解し、そうした新しい側面においては「グローバル化に対応した意識と行動」が不可欠な要件だと受け止めることが必要となるでしょう。

(2)　学生の意識改革の効果を期待

　職場体験は、学生側がそれまで漠然と抱いていた職業観や仕事観の修正を促すことになります。実体験によって、初めて仕事のもつ実態を経験し、予想と実体験のギャップを知るのです。「実態はだいぶ違うようだ」という学生側の実感こそ、インターンシップの効果の１つにあげることができ、この認識をインターンシップのスタートラインにする必要があります。

　もちろん予想と実体験のギャップの内容は多様です。担当の仕事に関する

もの、就業に関するもの、組織活動に関するもの、技術や品質に関するもの、さまざまな形態の経験からギャップを知ることになるはずです。実地による仕事体験は、職業意識や仕事観に影響し、その視野を広げていきます。働くことを通じて形成されてくる意識の変化、高度な知識や技術への習得の欲求、あるいは「海外で活躍したい」という意欲の高まりなど、学生にとっては体験前に想像もしなかった仕事観や職業観をつくる機会となることでしょう。それが自分の将来像の設計にまで波及していくこともあるかもしれません。

　学生は、インターンシップへの参加を通じて新しいものを習得しようとする意識をもつことが望まれます。その際、問題となるのは、前述の3省合意にある「大学等及び学生にとっての意義」であげられた「自主性・独創性のある人の育成」にインターンシップをどう直結させて行くかという点です。就職活動や将来の仕事の基盤となる職業観や仕事観を着実に持ち得るように、大学側で「意識」を養成しなくてはなりません。しかし、現状では、この問題の明るい動きはまだ見えていません。学生側も就職指導に当たる側も、就職活動前に仕事観や職業観が明確でないことを止むを得ないと受け止めているとすれば、「大学等及び学生にとっての意義」にある「高い職業意識の育成」に望ましい状況をつくることからは、ほど遠いと言わなければなりません。大学側では、学生の就職活動の準備や職業を選ぶ折りに、いま一段の支援や指導が必要と言えるでしょう。教育の場に具体的なインターンシップの準備講座を設け、修得を仕向けていくなど、さらにきめ細かな指導が求められます。

　他方で、学生側の就職動向は低迷状態が継続しています。リーマンショック後の雇用悪化が、就職を希望する学生たちに深刻な影響を及ぼしてきたのは周知の通りです。平成24年春の卒業生のうち、就職したのは63.9%でした（「学校基本調査」文部科学省）。この数字は前年比で2.3%上昇と微増の改善傾向を示していますが、一方で、卒業生の約20%が安定的な雇用に就いておらず、その数は12万8千人となっています。

　今日の動きからすれば、「就職」という目標を目指し、実現するためには、学生側も意識を改めることが前提要件となるでしょう。目指す企業の採用ニーズと自分の能力特性とを符合させ、そのための「自分づくり」に積極的に

取り組むことが新しい展望を広げていくのです。そのためにも、就職活動の学生へのインターンシップ参加に、学校側の一層の支援と指導が必要です。

第4節　就職活動を前身させる準備行動

(1) 早くから準備したいインターンシップへの参加

「マイナビ学生就職モニター調査」(2012年8月)では、2013年卒業の学生に「後輩にアドバイスするならどんなことを伝えるか」と質問したところ「準備は早い方がよい」という助言が上位を占めました（複数回答）。同調査の結果は以下の通りです。

　　○自己分析を早く始めた方がいい（45.5%）
　　○就職についての意欲を早いうちから持つ方がいい（20.3%）
　　○業界研究を早く始めた方がいい（19.9%）
　　○筆記試験対策を早く始めた方がいい（18.4%）
　　○インターンシップに参加したほうがいい（14.6%）
　　○面接対策を早く始めた方がいい（12.3%）
　　○就職活動をあわてずにゆっくり始めた方がいい（8.3%）
　　○企業研究を早く始めた方がいい（8.1%）
　　○個別の企業セミナーに多く参加したほうがいい（7.6%）
　　○職種研究を早く始めた方がいい（7.2%）
　　○エントリーを多くの企業にした方がいい（6.2%）
　　○学内ガイダンスに参加したほうがいい（4.2%）
　　○合同企業説明会に多く参加したほうがいい（3.7%）
　　○その他（2.9%）

実際のところ、就職活動への取り組みには何が良策なのか、いろいろな戸惑いや悩みに当面している学生も多いことでしょう。上記の先輩のアドバイスは貴重な判断資料となりますが、さらに一歩踏み込んで「自分にとって、どの準備行動が必要なのか」と分析することで、打開への着手点が得られるはずです。準備のための行動に着手することは、就職活動を前進させるきっ

かけをつくることになるはずです。

　注目したいのは「インターンシップに参加したほうがいい」が5番目にランキングされていることです。インターンシップの参加にも「早い準備」が必要です。インターンシップは、6月中旬から下旬がピークと言われ、夏休み前からスタートします。学生側では、定期試験の日程との調整を進めておかなければなりません。日程次第では、インターンシップの参加によって定期試験が受けられない場合も出てくるかもしれません。大学によっては、定期試験の代替方法を講じているところもあるので、事前に確認しましょう。

(2)　実務経験者は企業が望む「有能な人材」

　インターンシップ参加の目的の1つは、本格的な就業を経験することです。いったい「本格的な就業」とは何なのでしょうか。インターンシップの参加を通じて、仕事の内容、進行、職場のメンバーとの協働による業務など、今まで得られなかった機会を経験することができます。こうした実務が将来の「仕事に従事する」「仕事を遂行する」際に有効な指針となります。企業側は、そうした実務経験をした有望な人材を採用候補者として期待しているということを改めて確認しておきましょう。

　それでは、学生を送り出す大学側の態勢はどうでしょうか。一定期間の就業体験の重要性はもちろんですが、それと連動させたキャリア形成の観点を大学側がもち、さらなる活動運営面での工夫を実施することが強く望まれます。それには、活動運営面の体系化と就業体験に具体的なキャリア育成のプログラムを織り込まなくてはなりません。この際、一通りの形式だけでは時代ニーズに応えられないので、どこを体系化し、どこに重点を置くのか、具体的な取り組みが求められます。

　さて、グローバル時代を迎えた今日、激しい企業間競争の下、日本は長期にわたる経済低迷のなかにありました。この難局をどう打開していけばよいのでしょうか。現在、企業規模を越えて、海外での人材の確保や活用をどのように実現していくべきかが問われています。

　21世紀、経営活力の共通基盤となるのは「グローバル人材」です。それは、大企業だけではなく中小企業の経営活動にも直結していると認識しなければ

なりません。就職活動に参加する学生は、やがて企業あるいは組織で活躍していくことが期待される人材候補者です。そうした観点から「グローバル人材」の確保に関わる課題について、学生や学校側、そして受け入れる企業や組織側が対応を考え、取り組みを強化する時期であると言えます。

第5節　インターンシップ体験がもたらすもの

(1)　基礎的な仕事力の習得

　インターンシップ体験の経験から、学生側は、自分の就職志望先や職業観にいままでとは違う思いをもつかもしれません。それは、自分のキャリアをどう活かすかという際の重要な判断基準となるでしょう。インターンシップは、学生が自分自身のキャリア活用の視点をつくっていく場ともなるのです。

　組織における業務活動は、所定の方針や計画に即して進められていきます。その際、1人で担当する場合もあれば、職場のメンバーと共同で進めていく場合もあり、状況に応じて取り組む形態は異なるでしょう。多くの学生が経験したことのあるアルバイトは、決められたことを決められた通りに行うものですが、ビジネス対応の取り組みは一様ではありません。担当の仕事を効率的に進行させながら、状況の変化に応じた対処を図る必要もあります。その際に、どのように対処し処理すればよいのかの判断や行動が、自分が担当する仕事の前過程や後過程の仕事に影響を及ぼすことは当然のことです。

　インターンシップで実際に体験することによって、本格的な仕事に取り組むことのむずかしさや責任の重さを理解し実感できるでしょう。「理解し実感できる」体験から「わかる」という機会を得たことは、入社後に仕事を円滑に進めて行くうえで必要な「基礎的な仕事力」を習得したことを意味しています。これは、本人にとってのプラスだけでなく、組織や職場にとっても有益な仕事力の獲得につながります。

(2)　インターンシップ体験を就職活動に連結させる

　一般的に学生の就職活動は、「エントリーシートの登録」「企業セミナーへ

の参加」がきわめて高い比率を示し、「会社訪問」「インターンシップ」が続きます。しかし「エントリーシートの登録」「企業セミナーへの参加」に比べて、「インターンシップ」はほぼ半数の比率です。これは、実際にインターンシップを実施するには、受け入れ先や日程などが課題となるからですが、「自分をその場に立たせる」ことの重要性を改めて見直す必要があります。インターシップへの参加行動には、就職活動において次のような効果が期待できます。

その1つが、一歩を踏み出す力への連結効果です。たとえば、企業セミナーに参加して得た就職情報や志望の意識も、インターンシップの経験で得た就業観や仕事観を判断材料として役立てれば、自分なりに納得のいく適応性の把握と応募の判断が可能になるのです。

もう1つが、気付きの効果です。これまでの運用では、インターンシップと新卒者採用の選考は無関係とする企業が多数派でした。インターンシップの目的は、主に学生の職業意識や勤労観を高めることに置かれていたからです。学生は、インターンシップを通じて「仕事を遂行する」とか「組織活動のなかの一員としての役割を担う」といった新しい経験をすることで、かつて経験したアルバイト業務とは「違う」という理解や認識を得るでしょう。この「違う」という理解や認識が、職業観や勤労観をつくっているうえでの基本的な要素となるのです。インターンシップに参加することによって、初めて経験する仕事も少なくないはずです。最初からスムーズに仕事は進行しないかもしれません。想定外の仕事場面に出会うなかで、「責任をもって仕事を遂行」「協力によって所定の仕事を達成」といったビジネス活動の基本スタイルを習得していくことになります。そうしたさまざまな職場体験が、当事者である学生に新しい自分能力に気付き、成長させる機会をつくっていくのです。

(3) インターンシップ運用の効果を高める

こうしたインターンシップ運用効果をどのように向上させていくことへの関心も高まっています。参加する学生側と受け入れる企業側の関係が形成される過程には、両者間でうまくかみ合っている場合、なにかと問題が出てい

る場合など、さまざまな運用時のギャップが見受けられ、その縮小するための施策や修正が行われています。

　それでは、インターンシップ運用の効果向上には、どのようなことが有効と言えるのでしょうか。「インターンシップ推進のための調査研究報告書」（厚生労働省、2005 年 3 月）から探ってみましょう。学生を対象とした設問の「インターンシップの効果を高めるための有効なこと」から、比率の高い項目は次の 8 点があげられます。

　　○社員との交流機会が増えること。
　　○実習内容が事前に十分説明される。
　　○大学でマナーの事前指導が行われる。
　　○希望先の企業に参加できること。
　　○実習の評価がフィードバックされる。
　　○大学で事後のフォローアップ。
　　○達成感が得やすい業務の体験。
　　○指導担当者が決まっていること。

　この内、5 項目について、それぞれの効果を具体的に見ていきましょう。「社員との交流機会が増えること」が、職場でのインターンシップにおいて効果を高める最も有効な手法にあげられています。その内容はさまざまでしょうが、仕事や会社のことを教えてもらう、あるいは確認するといった社員との交流を通じて、新しい関心が喚起されていくものなのです。しかし、社員との交流が重要だからと言って、あまり大上段に構える必要はありません。日常の挨拶をきっかけにして、自然に話し合う雰囲気が整っていくはずです。その場で仕事について尋ねたり、指導担当者に指示を確認したりするなかで、ときには仕事外のことに話題が広がるかもしれません。社員との交流は、そうした社内コミュニケーションの流れのなかで展開していくものなのです。インターンシップは、交流の機会でもあるのですから、参加する学生側にも、自ら職場での交流を進め、仕事を通じて交流を広げていく積極性が求められていると言えます。

　「実習内容が事前に十分説明される」ことも重要な点と理解しておきましょう。はじめて職場に入りビジネス活動をする上で、参加する学生 1 人ひとりが

「働くこと」への心得や基本的な知識をもつことが大事です。多くの場合、事前にはちょっとした不安や戸惑いもあるとは思いますが、職場体験を成功させるためには、自主的に内容の説明を受け、インターンシップの参加に対する姿勢や行動について準備しておくことが1つのポイントとなります。実際の職場での業務遂行の場面では、事前の理解と異なることが起きるものです。説明を受けていればそのギャップを修正することができ、事前説明が十分でない場合との違いは明らかに出てきます。事前に、従事する仕事内容や、業務遂行に期待されている点などを織り込んで説明を受けているかが、当該企業におけるインターンシップの効果を高める基本要件と捉えるべきです。

「大学でマナーの事前指導が行われる」は、当然のことと受け止められなければなりません。最近の若者像を描く際に、マナーのよくない点がしばしば指摘されるのは周知のところです。マナーのよい若者も存在しますが、もっと改めるべきであるという認識は広いものなのです。そうした点についての修正を行い、改善する態勢づくりは、インターンシップにおいてほぼ共通ものになりつつあります。よいマナーを習得することは、職業観や勤労観の形成にあたっても、プラス影響するものと理解しておく必要があるでしょう。学生を送り出す学校側では、ビジネスパーソンに求められるふさわしい態度が身に付くよう事前のマナーを指導に努めています。マナーの善し悪しは、インターンシップの効果向上にも直接的な影響をもっていることに留意しなければなりません。

「希望先の企業に参加できること」「希望先の企業に参加できること」は、インターンシップに参加する学生にとって非常に大事なことです。就職先として「行きたい会社」「希望している企業」を優先することは、就職活動の学生にとって当然の選択と言えます。しかし現実には、多くの就活活動の学生が、なかなかその希望を実現できないきびしい状況に直面しているのです。希望先の企業にインターンシップ参加できるように、希望する学生側と希望を受け入れる企業側が望ましい関係をつくることが、インターンシップ制度の効果向上につながっていきます。この課題には、企業側の受け入れにおける配慮が望まれます。

「実習の評価がフィードバックされる」ことは、送り出す学校側と受け入れ

る企業側の双方にとって、結果をどのように活用していくのかという点で重要です。実習の評価は、運用におけるプラス面と問題点を判定し、実績を明らかにすることでなされます。そこに表されたプラス面や問題点は、必ずしも事前に予想されたとおりではないかもしれません。むしろ、予想外の評価が出ている事例も少なくないでしょう。評価を大学側と企業側で直線的に伝達し合い、「どこが良かったのか」「なぜわるかったのか」などについて分析を共有することで、適応する場面をつくり出すことが可能になるのです。重要なことは、その評価の結果をから導かれたメリット、あるいは問題点に改めて着目し、効果の向上を図り、今後のインターンシップにどのように活かしていくのかということです。

第6節　グローバル時代におけるインターンシップ活動への提案

　本章では、現行のインターンシップ活動を概観してきましたが、最後に、今日のインターンシップ問題について、大学・企業・学生の連携と有効運用を図る観点から、研究メンバーが集約した「グローバル時代におけるインターンシップ活動への提案」を表記することにします。

　［大学等に対する活動提案］
　○インターンシップ活動の意義、ニーズについて学生および学内への理解周知と参加への支援・配慮を計画的に推進すること。
　○グローバル化進展に適応できる学生の能力習得の観点から、海外でのインターンシップ活動の対策・運用指導を検討して実施すること。
　○インターンシップ実施にともなう学内組織と担当者の体系的な編成・運用を図るとともに、参加学生への単位取得の可能措置を講じること。
　○活動運用における事前・事後の調整にあたり受け入れ企業及び自治体、支援団体との円滑な関係に努めること。
　［企業等に対する活動提案］
　○受け入れにあたっての社内体制は、条件を整備して内容を明確にしておくこと。

○グローバル時代のインターンシップ活動の観点から、海外事業部などとの連携のもとに、一定期間による就業体験（海外、国内）の運用をすすめること。
○担当する仕事の具体的な内容、担当者、研修内容など運用点検を事前・事後にすすめ、人材育成重視の企業姿勢を織り込むこと。
○学生サイドからの仕事遂行への提案、感想などを現行業務に活用できる場面の設定に配慮すること。

[学生等に対する提案]
○インターンシップを通じて、就業態度・行動について学ぶとともに、習得する目標を事前に準備し、仕事体験に結び付けていく決意をもって参加すること。
○「働くこと」「仕事を担当すること」の難しさ、あるいは仕事の達成感を実感し、社会性のある自分の新しい像をつくる契機とすること。
○グローバル化進展のビジネス活動場面として、インターシップの機会を海外に広げて、挑戦していく意思・行動を堅持すること。
○インターンシップの仕事遂行のなかで、個人の仕事と職場メンバーの仕事が常に連結し協働していることを意識して行動する場とすること。

[支援・協力団体等に対する提案]
○インターンの目的を具現化していくための観点から、参加側（学校等、学生等）と受け入れ側（企業等）の関係強化と環境づくりを積極的に進めること。
○国内事業だけでなく、海外日系企業を含めたインターンシップ機会を奨励し、時代ビジネス感覚の修得への支援関係を確立すること。
○活動運用における参加する側と受け入れる側の両者の実施成功度を挙げるための事前・事後支援等に重点配慮すること。
○インターン活動の支援成功の事例を広報して、今日の企業人育成、人材づくりの基盤形成の重要性を確認すること。

[国、関係省庁等に対する提案]
○グローバル時代のインターンシップ活動の必要性を提示し、海外場面、国内場面での展開を支援していくこと。

○国、関係省庁等の協力体制のもとに、学生等の職場体験のもつ意義をいっそう普及させるとともに、在学時の習得要件としてインターン参加を勧奨すること。
○大学等と企業等におけるインターンシップの更なる奨励支援指針を明確に打ち出し活動展開の促進に連動させていくこと。
○必要に応じて民間企業等での学生受け入れ態勢を拡大して、その活動範囲については消防庁等での実施方向を検討し具体化させていくこと。

第3章 グローバル時代の海外インターンシップ

佐藤勝彦

第1節 海外インターンシップの効果

(1) 海外インターンシップのメリット

海外インターンシップでは、国内のインターンシップの効果に加えて次のようなメリットが考えられます。

○「非日常的な経験」がもたらすパッションやモチベーション……言葉や文化、国籍の違いが生み出す異なるものに対応するため、事前に準備し、適応する努力は、「これが海外である」という非日常の体験です。そこから生まれる「やる気」には、学生諸君を徹底的に向上させる効果があります。

○「人間性の拡大」によるグローバル・マインドセットの醸成……一言で言えば「人物が大きくなる」ということです。広く地球社会におけるさまざまな課題を知ることで視野が広くなると共に、世界における自分の力を知ることができます。年齢・性別・国籍にかかわらず、地球規模で巨視的にものごとを見ることができるようになります。

(2) 実現方法と必要な能力

まず、個人でインターンシップの受け入れ先を探す場合には、インターンシップに関するウェブサイトを利用する方法があります。たとえば「Internship.com」（http://internship.com）や「Internships.com」（http://www.internships.com）には、受け入れ先企業が直接情報を掲載していますから、個人でも直接企業と連絡を取り、申込むことが可能です。企業の受け入れが可能となった場合には、受け入れ国の事情とインターンシップの期間によってはビザが

必要となる場合があるので注意が必要です。

　また、海外の大学に留学し、その大学や教員が紹介してくれるインターンシップに参加する方法もあります。留学生であっても制約はありません。欧米の企業は、社会貢献の意味からも、学生の能力を活用する意味からも、現地の学生と同じように留学生を受け入れてくれる可能性があります。しかし、制約がなく自由であるからこそ、現地の学生に伍して評価されることが必要です。それは、たとえばビジネス・インターンシップであれば、日本やアジアのマーケットについての知識や経験が重要と言えるでしょう。

　その他にも、基本的なことを下記に紹介します。

○英語力……特に海外でのビジネス・インターンシップでは、実際に企業で現地の人たちと協働し、英語でコミュニケーションをとる必要があります。TOEICなら最低500点、できれば600点レベルが必要です。英語に自信のない人は、事前にビジネス英語の研修を受けてから参加することをお薦めします。

○イメージ……最終的に海外インターンシップを成功させるためには、しっかりしたキャリア・デザインを行い、自分がどのような業種や職種でインターンシップを経験したいか明確なイメージをもっておくことが必要です。そうすることで、インターンシップの受け入れ先に自分をアピールすることができるばかりか、一所懸命に努めることで、さらに重要で補完的でない中枢の仕事を任される可能性もあります。場合によっては、就職の誘いがくるかもしれません。

○モチベーション・レターが成否のカギ……海外インターンシップを自力で申し込む際には、受け入れ先企業に対し、しっかりしたビジネス・レターや英文の履歴書を書く必要があります。英文履歴書の書式は簡単に手に入れられますが、ビジネス・レターは「モチベーション・レター」と考えてもらいたいのですが、言わば個人的な「志望動機」であるため、なかなか難しく、工夫も必要です。また、説得力があるかどうかがカギです。さらに電話面接があることも意識しておかなければなりません。電話対応に不自由しない英語力と専門知識をもつことは至難ですが、電話に明るく対応できれば問題ありません。

(3) 経験後の効果

　海外インターンシップを経験した学生の成長ぶりを測るため、ここでは、「社会人基礎力」をベースに、次のようなアンケートを実施し、分析を進めています。サンプル数はまだ約100件程度と少ないのですが、おおよその目安がわかり興味深い内容です。各質問に実習前と実習後に1（低い）から5（高い）までの5段階評価をしてもらいました。

［質問項目］
　○ Q1：前に踏み出す力
　• 主体性（物事に進んで取り組む力）
　• 実行力（目的を設定し確実に実行する力）
　• 働きかけ力（他人に働きかけ巻き込む力）
　• 海外の場で前に踏み出す力（海外での上記のような力）
　○ Q2：考え抜く力
　• 課題発見力（現状を分析、目的や課題を明らかにする力）
　• 計画力（課題の解決に向けたプロセスを明らかにする力）
　• 創造力（新しい価値を生み出す力）
　○ Q3：チームで働く力（5段階評価：1＝低い　5＝高い）
　• 発信力（自分の意見をわかりやすく伝える力）
　• 傾聴力（相手の意見を丁寧に聴く力）
　• 柔軟性（意見の違いや立場の違いを理解する力）
　• 情況把握力（自分と周囲の人々や物事との関係性を理解する力）
　• 規律性（社会のルールや人との約束を守る力）
　• ストレスコントロール力（ストレスの発生源に対応する力）
　• 異文化の場で、チームで働く力（海外での上記のような力）
　○ Q4：研修を経て新たに芽生えた意識、価値観、考え（自由記述）

　いずれもインターンシップ実習前に比し実習後は飛躍的に数値が上昇していますが、実習後の数値で平均が最も高かったものは、当然とは言え「海外の場で前に踏み出す力」で4.47、次いで「主体性」「ストレスコントロール」「異文化の場で、チームで働く力」で4.13でした。

　インターンシップの実習前後を比較して最も伸びが著しい点は「海外の場

で前に踏み出す力」で実習前より評価が1.87と上昇し、次いで「異文化の場で、チームで働く力」（同1.73）、「発信力」（同1.67）、「課題発見力」（同1.47）の評価が上昇しています。

　また、国内インターンシップ参加者の数値と海外インターンシップ参加者の数値を比較すると、当然のことながら海外インターンシップ参加者が高くなっています。このアンケート結果から、結論として海外インターンシップの経験は、言わばグローバル社会人としての基礎力を高めることができると言えるかと思われます。

(4)　海外インターンシップを就職活動に活かす

　企業側が採用する学生に期待していることは、一言で言いますと「企業に貢献してくれる人材に成長する人かどうか」ということです。この点をエントリー・シートや最終的には面接の中でアピールできるかどうかに合否がかかってきます。

　海外インターンシップは、「流暢でなくても相手の言葉を理解する実践的な語学力」や「世界的な視野」、そして「大きな人間性を養う」などを経験する機会です。インターンシップ体験中の経験をもとに「どんな問題があり」「それをどのように解決し」「そこから何を学び」「希望する仕事にどのように活かし貢献するか」といった論理を展開すれば、企業の採用責任者を納得させやすいのです。

　もちろん、デメリットもあります。まず、就職活動のタイミングです。帰国時期と就職活動のベストなタイミングを早い段階で情報収集し、綿密な計画を立てて臨むことが肝心です。もう1つの問題は、仕事の内容への過度な偏りです。インターシップの経験に合わせ、それに近い仕事に就こうとするあまり、日本では比較的馴染のない仕事に執着してしまうことは意味がありません。こうした場合は、なかなか就職が決まらないことがあるので注意が必要です。むしろ、フルに自分の経験やスキルを活かすことにこだわらず、一部を活かすことを考え、まずは就職活動を成功に導くことです。本当に好きな仕事や自分にとって意味がある仕事は、ゆっくり時間をかけて職場で成就させて行く長期作戦だと考えましょう。

第2節　海外留学とは異なる海外インターンシップの有効性

(1) 海外インターンシップの種類

　海外インターンシップの種類を特徴別に見ると、4つのパターンにはっきりと分けられます。それは、「ボランティア（サービス・ラーニング）」「カルチャー」「教育関連事業」「ビジネス」です。以下のその特徴を見てみましょう。ただし、この章で取り上げるインターンシップのパターンは主にビジネスと考えてください。

- ○ボランティア・インターンシップ……学生本人が個々の関心に応じて世界各地のNPOやNGO、国際機関、民間施設などでボランティアを行う体験型のインターンシップです。国際交流や文化・芸術支援、自然・環境保護、社会福祉施設などの非営利団体で働くものと、保育園や託児所など子供の世話をする仕事があります。
- ○カルチャー・インターンシップ……スポーツ・音楽・工芸やガーデニングなど、その国々の伝統文化を習うことにより、職人的な技術を身に付けます。将来その分野での技術を武器に独立したいと考えている人には大変有効でしょう。
- ○教育・インターンシップ……海外の学校で日本語や日本文化を教えるプログラムです。専任の先生がいて（専任の講師のいることもあり）、そのアシスタントとして日常会話を教えたり、正しい発音の仕方を教えたりします。折り紙や書道、華道、茶道を紹介したりすることもあります。
- ○ビジネス・インターンシップ……海外の企業を主体に団体等で現地の人たちに混じって働き、現場のビジネスを体験します。本来的なインターンシップはこの種のビジネス・インターンシップを言っています。将来のワーク・キャリアを真剣に考えている大学生（将来的には高校生）にお薦めのインターンシップです。

(2) 就職活動でのアピール効果

　近年、多くの大学が海外に協定校をもつようになり、海外留学そのものが珍しいことではなくなりました。そのため、就職活動の際に留学先（大学）での経験を語るだけでは、特段のアピールポイントになるとは考え難く、プラスαの活動をしてきたかどうかが重要になっているのではないでしょうか。このプラスαの部分で、海外でのインターンシップの実施が非常に有効だと考えられます。その理由として以下にあげる4点は、近年留学先でインターンシップを経験した学生たちの意見をまとめたものです。

　○現実とのギャップを最小化……日本の大学生は、在学中にインターンシップをする人が少なく、卒業とほぼ同時期にいきなり社会に出るため、そもそも「働くとは何か」という大前提の部分で、自身のイメージと現実とのギャップを抱えやすいのです。企業側もそれを認識していますが、このギャップを最小化するためには、在学中のインターンシップが大変有効です。

　○実践的な経験を積む……近年、日本国内の市場縮小に伴い、大企業だけでなく、中小企業も海外でのビジネスを積極的に展開しており、どこの企業もグローバル人材を欲している状態です。海外でビジネスをするには、言葉はもちろんのこと、その国特有の文化（ビジネスマナー含む）を理解し、なおかつ日本と違う環境のもと、つまりストレスを感じやすい状況のなかでも、ものごとを進めていく力が必要です。その国独特のビジネスマナーやストレスへの耐性は、留学先の大学生活だけでは十分に習得できるとは考えづらく、インターンシップで実践的な経験を積む必要があるでしょう。

　○海外での就職に必要なインターンシップの経験……日本ではなく、海外で就職を考える場合、欧米ではその国でのインターンシップ経験なしでは、採用されないケースが多いと考えられます。たとえばドイツでは、高校生から社会経験の一環としてインターンシップが取り入れられており、大学生になるとより実践的な課題（プロジェクトベース）で企業にてインターンを経験することが多く、社会人になるまでに複数回のインターンシップ経験をもっているのが一般的です。大学によっては、カリキ

ュラムでインターンシップの実施が義務付けられている場合もあり、ドイツ人の学生でも、インターンシップ経験が不十分な場合は就職活動に苦戦する傾向にあります。日本人が海外で就職する場合は、「外国人」というハンディキャップがあるため、すでに当該国で社会経験を積んだ＝インターンシップをしたという事実は、就職活動の際に、企業側に安心感を与える材料となります。

○事前の方向付け……日本に本社を置く企業の海外支店でインターンシップを経験した場合は、その後、本社で優先的に採用をされる可能性があります。既述のとおり、海外でのインターンシップ経験は就職活動時に有利に働く可能性があるため、積極的に挑戦すべきものですが、そのためには海外渡航前にある程度の準備をしておくことが必要です。語学力はもちろん、自身が何に関心をもっているのかという点についても、大体でよいので方向付けをしておくべきです。万一、インターンシップを通じて、関心分野が自分に向かないと感じたとしても即変更すればよいわけで、これは将来の職業選択の場においてミスマッチを防ぐためにも有意義な経験となります。

（3）　国内大学の海外インターンシップ活動（AIESEC Japan の活動）

　NPO法人のアイセック・ジャパン（AIESEC Japan）は、大学在学中は「海外留学より海外インターンシップをぜひ」とすすめて活動している学生団体です。アイセック・ジャパンは、全国の25大学に委員会があり、約1600名の会員がいます。関東の大学生の会員が多いのが現状ですが、組織の発展とともに全国的に会員が増加傾向にあるようです。会員の多い大学は、慶應義塾大学、東京大学、京都大学がトップ3となっています。

　会員募集の際に「リーダーシップの学び、発揮の機会」と「グローバルに活躍するチャンス」などを訴求しているため、会員もそのいずれか、あるいは両方に関心のある人材特性の学生で占められているようです。アイセック・ジャパンの主たる事業は、インターンシップの運営であり、メンバーは事業を軸としてさまざまな経験をしています。海外インターンシップを薦める彼らの最大の理由は、「大学生の日常から最もかけ離れた環境で自分の特

性を発見できる」ことだと言います。

　因みに 2012 年度 400 人、2011 年度は約 500 人の会員が、海外インターンシップを経験しているとのことです。また、アイセック・ジャパンは、英語力の必要性をしっかりと認識しており、2010 年度からは、年に複数回、TOEIC の受験を行うことにしています。各学年の TOEIC スコアの平均点は、1 年生 648.1 点、2 年生 661.1 点、3 年生 713.8 点、4 年生 743.9 点となっています。アイセック・ジャパンの会員は、ほぼ全員が世界で働くことを希望しており、グローバル人材になる効果的な場と言えるでしょう。海外インターンシップの行先は途上国に参加が集中しており、過酷な環境であろうと、それを嫌うことなく現地で精力的に活動しています。

第 3 節　海外のインターンシップ事情

(1)　海外インターンシップに必要な費用

　費用は、海外インターンシップを実現するうえで大きな問題です。主な費用としては、渡航費、滞在費、現地交通費、医療保険料、こづかいがあげられます。費用は国により、生活の形態（学生寮・ホームステイ・アパートなど住居をどうするか、自炊か外食かなど）により違いがでます。そこで、米英独の 3 ヶ国を例におおよその目安を見てみましょう。表は、1 ヶ月間滞在した場合のインターンシップの費用です（単位：万円）。

	米（シカゴ）	英（ロンドン）	独（ハンブルク）
渡航費	16.5	17.5	17.2
滞在費	5.0	5.0	5.0
食費	3.0	3.5	2.5
その他費用	―旅行や娯楽の内容により考えて下さい―		
合計	24.5	26.0	24.7

(2)　米国、ドイツ、イギリスのインターンシップ事情

　ここでは、インターンシップ先進国と言われる米・独・英を例に、日本か

ら学生をインターンシップに送り出すことを主眼に、各国の事情に詳しい関係者に答えてもらいました。

[アメリカのインターンシップ事情]

　アメリカは、インターンシップや Co-op（産学共同で行う。学内学習と現場学習を交互に行う）の先駆的存在であり、受け入れ業界は幅広く奥行もあり、ほとんどの業種でインターン生を積極的に受け入れています。

　Q：貴国においてインターンシップは各方面でどのように認識されていますか？

- ○企業……学生の就業研修・経験の場として学生を受入れていることが多いが、低賃金労働者に近い形で受入れを行っている企業もある。また、よい人材を見つけるために受入れている企業もある。
- ○大学……学生たちの就職支援として、キャリアセンター等で各企業の求人やインターンシップでの採用ポジションの案内などを提供している。大学の授業の一環としてインターンシップへの参加が義務付けられていることもある。
- ○学生……自身の経験や就職活動の一環として、自身をアピールする場として参加する学生が多いと言える。

　Q：日本の大学生が貴国での1ヶ月にわたるインターンシップを行いたいと希望する場合、政府や関係当局によって決められた条件はありますか？

- ○インターンシップを目的として米国に入国する場合は、学生ビザを取得することが一般的。
- ○給与やその他収入になると判断される報酬が一切発生しなければ、企業での実務研修という形でインターンシップを行うことに問題はない。
- ○アメリカへの入国に必要な ESTA（電子渡航認証システム）の登録のみ必要となる。

　Q：そのような学生を支援している貴国の団体やグループがあれば、その名称や住所を教えて下さい。

- ○交流訪問者（J-1）ビザを利用した長期有給インターンシップ（最長 18 ヶ月）に関しては、J-1 ビザの申請に必要な書類を発行できる非営利の

認可団体がある。多くの場合、この非営利団体とインターンシップ先を紹介するエージェントによって、J-1ビザを利用したインターンシッププログラムが提供される。
○短期のインターンシップに関しては、人材派遣会社やそれに準ずるサービスを提供する業者等がエージェントとして研修を提供している。
Q：その他：情報、アドバイス、ご意見などご記入をお願い致します。
○不景気感の強い時期は、企業側が短期のインターン学生の受入れを制限する傾向があり、短期のインターンシップ制度が整備されていないアメリカでは、質の高いインターンシップを多くの学生に提供することが難しい。
○特に英語力の低い学生では、実務に近い内容の業務に関われることが少なくなるため、高いバイタリティーと強いチャレンジ精神が求められる。

[ドイツのインターンシップ事情]
　ドイツでは、学生をインターン生として受け入れる制度が歴史的に確立されており、企業は社会貢献の一環として学生を受け入れています。ドイツではインターンシップをプラクティクム（Praktikum）と呼びます。
　Q：貴国においてインターンシップは各方面でどのように認識されていますか？
○企業……将来の就職予備軍。他社でよいインターンシップを行った学生を優先的に受入れ、長期専門的な仕事を与える（場合によって正社員が多忙で手の届かない仕事をさせる）。時として安価な労働力として学生が雇われているという批判もある。
○大学……総合大学においては、あまり注力していないが、専門大学においては相当力を入れており、その違いが目立つ。専門大学では、日本の大学のように全てお膳立てをすることなく、受入れ先（海外含む）を原則自力で見つけるよう指導している。
○学生……よい受入れ先でチャレンジングなインターンシップを行い、それを自分の履歴書に書き、よい職場を目指す。
　Q：日本の大学生が貴国での1ヶ月にわたるインターンシップを行いたい

と希望する場合、政府や関係当局によって決められた条件はありますか？

　○州によって異なるため、事前に各州の当該部局に申請内容を確かめること。30日以内であればビザは不要。

　Q：そのような学生を支援している貴国の団体やグループがあれば、その名称や住所を教えて下さい。

　○KOPRA（Koorporation Praktika）という団体がある。受け入れ企業の紹介がサイト上に掲載されており、適当な受け入れ先が見つかる場合もある。直接企業の人事部に紹介する方が効果的。

　Q：その他：情報、アドバイス、ご意見などご記入をお願い致します。

　○できるだけ長期（３ヶ月以上）のインターンシップが好ましく、期間が長くなれば受入れ企業も多くなる。

［イギリスのインターンシップ事情］

　イギリスでは、受け入れの姿勢は比較的堅実で、NPOやNGOには入りやすい傾向にありますが、政府機関を筆頭に航空会社や旅行社、ホテルはむずかしいと言えます。

　Q：貴国においてインターンシップは各方面でどのように認識されていますか？

　○企業……一般的に毎年相当数の学卒を採用する大企業には適している。優秀な学生を引き止め、将来の採用を目指すのに最も有効な方法と認識している。

　○大学……就職を目指す学生にとって仕事経験をする格好の機会である。

　○学生……上記に同じ。

　Q：日本の大学生が貴国での１ヶ月にわたるインターンシップを行いたいと希望する場合、政府や関係当局によって決められた条件はありますか？

　○留学生ビザを持っていれば特に問題はない。場合によって、最低賃金法が適用される。

　Q：そのような学生を支援している貴国の団体やグループがあれば、その名称や住所を教えて下さい。

　○特にない。

Q：その他：情報、アドバイス、ご意見等ご記入をお願い致します。
○特にない。

　私見ですが、以上3ヶ国の中でドイツの制度や受入れが最も発達していると思われますし、どこの都市も比較的安全な生活が確保できます。特に海外では3ヶ月以上の長期・専門的なインターンシップが主流です。日本では、企業が長期受け入れのメリットを認めない上、一斉採用をした上での自社に合った人材育成を通例としています。しかし日本では、一斉採用のデメリットとして企業と学生のミスマッチが起こっており、一生1社という古い価値観が意味をもたなくなっている今日、若手労働者の離職率の高さは日本産業界にとって大きなロスです。インターンシップで職業意識を高め、その企業を理解して就職するメリットは大きいと思います。

(3) カナダ、オーストラリア、ニュージーランドのインターンシップ事情

　さらに、カナダ、オーストラリア、ニュージーランドの事情を紹介します。
　カナダでは米国に比べインターンシップを経験する機会は限られますが、治安がよく安全な環境の中でインターンシップを実施できます。また、日本にはカナダでのインターンシップを紹介する留学エージェントが多く、カナダはインターンシップに行きやすい国と考えられています。
　オーストラリアは企業でのインターンシップは米独に比べると比較的チャンスは少なく、一方、教育関連のインターンシップを体験する国として最適です。なお、日本の留学エージェントの中にはオーストラリアの専門学校と協力し、インターンシップを紹介しているところもありますので、このプログラムに参加するのも1つの方法でしょう。
　ニュージーランドは、オーストラリアと同様に企業でのインターンシップを経験する機会は少ないのですが、日本語や日本文化を小中学校で正規の教員のアシスタントとして教えるインターンシップが主流です。また、国立の高等教育機関であるポリテクニックに入り、実務コースの一環として提供されるインターンシップを経験する方法も考えられます。

第4節 「グローバル人材」を育てる海外インターンシップ

(1) 「グローバル人材」に求められるもの

「グローバル人材」という言葉に対する企業側の考え方はさまざまです。ここでは、2社の企業の考え方とともに、筆者の考えを述べてみたいと思います。

○ソニー
- グローバルな視野
- 柔軟性、順応性
- 異質に対する許容性
- 不確実性への対応力
- 長期的展望
- 一貫性のある論理力
- 多様な個性に対する統率力

○トヨタ
- 高度な専門能力
- 自ら課題を創造し解決出来る能力
- 事業を推進するリーダーシップ
- 世界を舞台に活躍する意思と実行力
- 労働市場で年収1千万以上の価値が付く実力

○筆者の考える5つの要件
- 日本人としてのアイデンティティーを持つこと
- 自分の考えを持ち、目標を立て実行し、成果を挙げること
- 相手の立場に立って考えられること
- 国際的なコミュニケーション力(世界語としての英語ほか)
- 外国人と一体の組織をつくり、日本のみならず外国市場で事業創造のリーダーシップを発揮できること。そして何よりも成功させること

筆者は5つの要件のうち、とくに最後の要件が重要であると考えています。

(2) 「グローバル人材」の履歴書に見る海外インターンシップの必要性

　さて、学生時代に海外インターンシップを経験し、国際的なキャリアを選択し、仕事経験を通してグローバルな人材に育った若者は多くいます。その一例として現在 30 代初めの男性の経験を紹介します。

> 　大学で 1 度目の海外インターンシップで、幸運にも総合商社のドイツ支社の機械部にて 2 週間のインターンシップを経験する機会を得た。日本のメーカーがドイツにおいて展開している営業に同行することができ、貿易とはどのような仕事なのか全体の流れを勉強することができた。また働いている方々のレベルの高さや、どのように海外で生活されているのかに触れることもでき、海外で働くということを実際に体感することによってより身近に感じられたことに加え、自分でもこういう風になりたいという思いが膨らみ、大いに刺激を受けた。
>
> 　2 度目は在上海の韓国企業の輸出部門で 2 週間ほど働いた。無給でよいので働かせて欲しいと社長に直訴し、中国における服飾の縫製工程から輸出するまでの流れを勉強した。ドイツでのインターンシップの時のようにハイテク産業ではなく、労働集約型産業の中に身を置き、国によって担う得意な産業分野は違うのだなと実感した。

　学生時代に早くからキャリアデザインをし、グローバルな世界で活躍したいと思ったならば、彼のように勇気をもって海外に出てみるべきだと思います。語学は大事ですが TOEIC を何点取ってから行くなどと言っていてはこの時代の速度にはついていけません。とにかく目標に向かって行動すること。とりわけ、英語や中国語は走りながら身に付けてもよいと思います。

> 　今振り返っても、私自身が全く海外への渡航経験がなく、日系のグローバル企業での研修経験や、海外企業ってどんなものなのかという事を、インターンシップを通して経験していなかったら、今のように海外を身近に感じることは難しかったと思うし、そうなるにはより長い時間がかかったと思う。そういう点で海外インターンシップは、とても有意義な制度であることは間違いない。

　この混沌とした社会の中では、早めに日本以外の国の人たちはどういう感

覚で生きているのか、他国の常識はどうなっているのか、他国文化を異質とは思わずその変化の中に身を置きそれが当たり前なのだという感覚を学ぶ必要があります。また、その変化の中で萎縮せずに自分を変化させていける人材、そのような環境に身を置いても問題なく生きていける人がグローバル人材なのです。またそのような社会の中で生き抜くにあたり重要になってくるコアスキルがあります。いわゆる英語力や他国の異文化（宗教や他国の政治や経済状況を含む）を理解する力、そして自分の携わる業界に関する知識や技術です。

　新卒で就職後の1年間は日系建機商社の海外営業部員として海外への輸出販売に従事し、23歳から4年間は同日系建機商社の上海事務所で建機の販売をした。27歳で日本に帰国するまで中国の上海で通算4年間を過ごした。

　その後希望していた独立を果たした。独立直後は、日本から海外に輸出をするという昔からある事業形態では競争が多く、老舗の商社と競っても食べていけないだろうと予測し、自分なりに海外を渡り歩いて市場調査をし、売上の9割を海外に関する事業に替えた。

　海外の展開は色々な国の事情によってどんどん変わってくる上、政治的に不安定な国などはいつ仕事がストップするかもわからないことから、特定の国に固執することなくさまざまな事業の種をまくようにしてきた。今は機械売買以外の新しい事業形態にも挑戦している。

　現在取り組んでいる仕事には次のようなものがある。

- 海外の現地企業が所有している建設機械をその他の需要のある国へ販売する3国間貿易。たとえばベトナムからタイ、香港、シンガポール、インドネシアへの輸出。
- 日系建設会社の海外工事と企業進出のサポート。現在は日本の中小建設会社の香港での地下鉄工事のサポートを現地法人立ち上げ時から関わっている。
- 日本国内においてよい技術を持ちながらも国内では販売が頭打ちになった建設機械メーカーと日本の技術を必要としている海外企業（中国）との技術提携の仲介を開始している。

- 中国で製造技術を伸ばしてきている建設機械メーカーの海外展開（販売代理店）をインドネシアで行っている。

グローバルな時代の今、学生の皆さんには、「日本対他国・他地域」という狭い考えでなく、この男性のように日本と他国・他地域がどのように組んで一緒に成長していくかを考え実行できる本当の意味での「グローバルな人材」になって欲しいと考えます。つまり、異文化や多文化の中で外国の人と一体の組織をつくり、リーダーシップを発揮できる人材になって欲しいということなのです。確かにこれは日本人には苦手なことですが、ここに情熱を傾けて欲しいのです。

そのためには、次のことを胸に刻んでください。

○自分の文化をベースに他国の人に理解を求めてはいけません。自分の文化の壁を乗り越えると大いに学ぶことがあります。つまり、相手の文化との適応や融合を考えねば失敗する危険性は大きいのです。

そして、次のことをぜひ実行してください。

[海外に行く前（インターンシップに行く前）]

○その国の典型的な人の特性を理解しましょう。その国の人からの情報、過去の経験者の情報、専門図書より得る情報などがあります。現地語を学ぶことも必要です。たとえ下手であっても、学んでいることを現地の人たちは大変評価し、尊敬さえします。

○その国に対する偏見を見直し、共通点や相違点を知りましょう。

○これから何が起こるか想像し、ものごとを観察する余裕を持つことが必要です。

[現地到着した後]

○異文化環境を肯定的に受容し、自己主張を避け、開放的な姿勢でカルチャーショックを乗り越えてください。

○相手の立場に立ったコミュニケーション・スタイルを心がけてください。文化的な差異になじみ、異文化間問題を乗り越えるコミュニケーション・スタイルを取ってください。それによってリーダーシップが発揮でき、協力関係が生まれ、また、この対等なコミュニケーション・スタイルは信頼関係を生みます。

理論編

> " さまざまなインターンシップに
> 何が求められているのか？ "

第4章　大学におけるインターンシップの現状と課題　　　　　　　木村元子
第5章　米国の観光教育におけるインターンシップ　　　　　　　　根木良友
第6章　企業以外で行われるインターンシップが示唆するもの　　　山口圭介

第4章 大学におけるインターンシップの現状と課題
―― 明治大学政治経済学部におけるインターンシップを事例として ――

木村元子

第1節 はじめに

　インターンシップを導入する大学・大学院・短大・高等専門学校は、2011年度には約85％にのぼりました。短期的な視野に立てば厳しい就職状況があり、そして長期的視野に立てば終身雇用・年功賃金制の崩壊が懸念されます。そうしたなか、自らキャリアを構築していく必要性に迫られている現在の大学生に対して、大学におけるキャリア教育の重要性はますます高まっています。

　リーマン・ショック後のいわゆる超氷河期を経て、就職活動を成功させることが学生生活において大きなウエイトを占めるようになりました。一方で、大卒フリーターやニートなどの発生には、経済情勢を背景にした厳しい就職環境といった外的要因だけではなく、大学生の職業意識の未成熟といった個人の内的要因にも原因があると言われています。キャリア教育は、就職活動に対する付け焼刃の対策ではなく、学生生活を通じて体系的に行う必要があります。特にインターンシップは、学生が就業体験を実際に行い、高い就業意識の形成や社会人として必要な汎用的能力を身に付ける場として、その役割が期待されてきました。

　大学では、インターンシップを特色ある教育の1制度として導入し、拡大してきた経緯があります。しかし、全学または学部内でのインターンシップの位置付けやその目的があいまいなまま導入されると、研究機関としての大学の役割と齟齬をきたす可能性も指摘されてきました。また、多くの学生にインターンシップ参加を促すうえでも、その目的や有効性、限界を明確にす

ることは不可欠と言えるでしょう。

したがって本章では、インターンシップの目的や効果について考察するとともに、明治大学政治経済学部で行われているインターンシップを事例として、大学におけるインターンシップの課題について検討を行います。

なお、本章のインターンシップとは「学生が在学中に、企業等において自らの専攻や将来のキャリアに関連した就職体験を行うこと」という「大学等におけるインターンシップ実施状況調査」（文部科学省）の定義を用いるものとします。

第2節　インターンシップの効果

(1)　就業能力の向上

インターンシップに期待される効果はさまざまですが、大きく分けると「就業能力の向上」「就業意識の向上」「学習意欲の喚起」があげられます。「就業能力の向上」における就業能力とは、就職活動および就職後の就業継続において必要とされる力です。2006年から経済産業省は、職場や地域社会で多様な人びとと仕事をしていくために必要な基礎的な力として「社会人基礎力」を提唱しています。それは、「前に踏み出す力」「考え抜く力」「チームで働く力」の3つから構成されています。また、文部科学省中央教育審議会は学士レベルの資質能力を「学士力」とし、「知識・理解」「汎用的技能」「態度・志向性」「総合的な学習体験と創造的思考力」の4つを分野に関わらず共通して目指す学習成果としています。これらのような社会人として必要な汎用的能力の向上は、インターンシップにも課されていると言えるでしょう。「就業能力の向上」におけるインターンシップの効果についての研究によれば、これは学生の自己評価によるものですが、日常業務型インターンシップでは、「傾聴力」「主体性」「計画力」において効果が大きいと考察しています（注1）。その理由として、従業員の指示やレクチャーによって行動しなければならない状況に置かれたことや、自ら主体的に行動する必要があったこと、学生にとって非日常的な計画的な生活環境に置かれたことがあげられていま

す。

　また、別の研究では、汎用性の高い能力のうち、特に「コミュニケーション能力と共感する力」「関わる力」をコンピテンシーとして、インターンシップ前後の変化を分析しています。その結果、インターンシップはコンピテンシー向上に資することが示されています（注2）。したがって「就業能力の向上」という目的において、インターンシップは効果的な手段であるのです。

(2)　就業意識の向上

　インターンシップの効果の第二は、「就業意識の向上」です。1990年代以降、フリーターやニートの増加が社会問題化する中で、キャリア教育そしてインターンシップに求められたのは「学校教育と職業生活との接続」と言われてきました。小学校から大学まで学校生活になじみ、学校の価値基準で評価されてきた学生にとって、就職活動は全く異なる価値観との直面です。そのギャップにとまどい就職活動を継続できない学生、あるいは早期離職してしまう若者が目立つようになったことを受けて、学校とは異なる価値基準に接触する機会の重要性が認識されたのです。

　就職活動に成功しない学生像についての研究では、その理由を「企業選択の際に明確な理由や基準があいまい」「職場における多様な人間関係やコミュニケーションに自信がない」「仕事での自己の潜在能力を信頼していない傾向がある」と述べています。また、職業に就いて働く生活のイメージができず、長期的視点でキャリアを思考できない傾向があることを指摘しています（注3）。つまり、「就業意識の向上」が十分に育まれていないことが就職活動に影響を及ぼし、さらには早期離職の原因にもなりうるのです。したがって、学校とは異なる価値観を要求される就業への漠然とした不安を緩和するために、学生時代に社会に触れる機会が必要なのは明らかであると言えます。

　しかし、インターンシップを経験することが「就業意識の向上」に結び付くとは限りません。就業意識に及ぼす効果の研究では、インターンシップ前後の職業レディネスと進路選択に対する自己効力感の変化から、インターンシップの満足度が高いほど就業意識に対して肯定的な影響を及ぼすことが示

されています。そして、実習の内容や実習先の担当者との関係を充実させることでインターンシップの満足度を高めることの必要性が指摘されています（注4）。さらに、インターンシップが就業意識に与える影響が、体験する業務の内容によって異なることを明らかにした研究もあります（注5）。このなかで、基幹的業務を体験すると、職業・職種についての理解や自分の適性への認識が深まる一方で、アルバイト・パート業務のような体験では就業意識にマイナスの影響を与えることが示されています。また、インターンシップの効果と実習期間の関係が考察した研究では、社会経験を通じて自分に足りない能力を見つけるという点で2週間程度の実習では不十分としてうえで、事前・事後の研修によってカバー可能であることが指摘されています（注6）。

　以上から、単にインターンシップ制度を導入するだけでは、「就業意識の向上」に対して十分な効果があるとは言いがたいことがわかります。インターンシップの前後における研修、体験する業務についての企業担当者との調整などを経て、学生の満足度を高めることではじめて「就業意識の向上」につながるのです。

(3) 学習意欲の喚起

　第三の効果である「学習意欲の喚起」について見てみましょう。文部科学省によるインターンシップの定義には、「自らの専攻、将来のキャリアに関連した就業体験」という文言があることからも、インターンシップの経験を大学での学習につなげることが期待されています。とりわけ、大学で単位認定を行うインターンシップの場合は、専攻分野での学習に対してインターンシップが寄与すべき点は大きいと考えられます。

　この視点からインターンシップの効果を検証した研究は多くありませんが、企業や団体での就業経験と大学での学習内容とがかならずしも直接的に結び付かない場合も多いことが示されています。インターンシップの効果を、大学での学習意欲や認知面の能力・スキルという点から検証した研究によれば、文系学部の学生に対してアンケート調査を行った結果、インターンシップと専攻分野の関連は強いと意識しつつも、大学での学びにフィードバックしにくい状況が明らかになっています（注7）。ただし、文系学部と言っても一般

には社会科学系と人文科学系に区分され、人的資源管理や企業経営などについて学んでいる学生とそうでない学生とではインターンシップによる学習へのフィードバックが異なるはずです。専攻分野は多様であり、専攻分野ごとにその効果を評価していく必要があるでしょう。

　ここまでインターンシップの効果について3つに区分して考察してきました。これらの効果を獲得するためには、インターンシップ制度を単に導入するだけでは不十分であることがわかります。紹介した研究から、インターンシップの効果を得るために大学側に必要な取り組みをあげてみましょう。

　第一に学生のインターンシップの満足度を高めるために事前・事後の研修を行う必要があります。事前研修においてインターンシップの目的および限界を学生に認識させることで、インターンシップへの期待と現実のギャップを埋めるとともに、事後研修において自らと社会の価値観とのギャップを確認させることです。これによって学生のインターンシップの満足度を高め、就職活動へのスムーズな導入につながると考えられます。

　第二に、企業での実習内容に関して、大学側からの積極的関与が求められます。インターンシップを効果的にするためには、どのような実習内容でもよいわけではありません。内容によっては就業意識への低下にもつながりかねないことをふまえ、大学側が実習内容を知っておく必要があります。

　大学におけるインターンシップをキャリア教育および既存教育へ還元して有効に活用するためには、この2つについて検討しなければなりません。

第3節　明治大学におけるインターンシップ

(1)　枠組み

　明治大学におけるインターンシップは、次の3つのTypeから構成されています（2014年度現在）。

「TypeA：全学版インターンシップ」は、大学と受け入れ企業・団体との間で協定を結んで行われるもので、各キャンパス（駿河台、和泉、生田、中野）の就職キャリア支援事務室が主体となって実施しています。同事務室が実施

するビジネスマナー講座やコミュニケーション能力養成講座などの事前研修に参加したうえで、夏期休業期間の1〜2週間を利用してインターンシップが行われます。原則として単位認定は行われませんが、学部や学年に関わらず参加できる利点があります。

「TypeB：各学部実施型インターンシップ」は、学部が主体となってそれぞれの教育目標に合わせて行われるものです。受け入れ企業・団体の調整や事前研修の内容、単位認定などは学部が主体となって決定しています。明治大学では、商学部、政治経済学部、文学部、理工学部、農学部、経営学部、情報コミュニケーション学部、国際日本学部が実施しています。

「TypeC：自己開拓型インターンシップ」は学生が自ら情報収集を行って参加するものです。企業や団体が独自に実施しているもので、大学を通じて申し込む場合と、大学を介さずに直接申し込む場合があります。原則として単位認定は行われません。

(2) 政治経済学部におけるインターンシップの特徴

ここでは、「TypeB：各学部実施型インターンシップ」の枠組みの中で実施される、政治経済学部のインターンシップについて注目してみたいと思います。その理由は、筆者の在籍校であるがゆえの資料収集の利便性と、インターンシップの開始から10年分のデータ蓄積があるからです（注8）。

明治大学政治経済学部は2004年からインターンシップを科目として設置しています。選択科目としての位置付けであり、特にキャリア教育としての役割を担っています。政治経済学部のキャリア教育は学部独自の学生サポート・プログラム「社会適応能力強化プログラム」として体系化されていますが、その一環としてインターンシップが実施されているのです。「社会適応能力強化プログラム」は、これまでの大学教育では学ぶことが難しいとされてきたものを各種のプログラムで補完することで、社会に出る学生の足腰を鍛えることを目的とするものです。プログラムは、就職活動支援およびキャリア教育を中心にした設定で行われます。その中のいくつかを取りあげてみましょう。

○学部独自の「就職支援セミナー」……全学対象の就職支援を行う就職キ

ャリア支援センターが行う就職支援セミナーとは別に実施され、内容は適職発見テストやマナー講座など。
○女子学生のみを対象とした「キャリアカンファレンス」……学部 OG との面談によって、女子学生の就職における制度的問題やその後のライフコース選択のあり方について具体的な理解を深める機会も設けている。
○「学部教育振興プロジェクト講座」……志望者の多い職種向けの情報収集および対策講座を開講。公務員入門講座、マスコミ入門講座、起業家養成講座などがあり、講座によっては外部講師を招くことでより実践的な知識の習得をめざす。
○その他……TOEIC など各種検定試験に対する単位認定などもプログラムに含まれている。

「社会適応能力強化プログラム」は履修が義務付けられていないので、学生が希望すれば自由に参加することができます。インターンシップにおいてもプログラムの一環という位置付けであるため、任意の申し込みから選抜を経て実施されています。

　政治経済学部におけるインターンシップは、大きく2つに区分されています。「企業実習」と「地域研究インターンシップ」です。

「企業実習」は全学科（政治、経済、地域行政）の3年生が対象です。その中で、夏期休業期間を利用し2週間程度、企業などで就労体験をする「ビジネス・インターンシップコース」と、講義形式でキャリアについて学習する「企業研究コース」に分けられています。「企業実習」は、就業意識の向上と就職活動に向けた企業研究の機会として設置されました。また、政治経済学部のめざす人材像を実現するための重要なプロセスとして、現場での体験を通じて理論の実践や検証を行う場としても位置付けられています。

「地域研究インターンシップ」は、地域行政学科3年生を対象としており、夏期休業期間に2週間程度の実習が行われています。地域行政学科は2002年に設置された比較的新しい学科で、地域で活躍できる人材を養成することが大きな目標とされています。したがって、「地域研究インターンシップ」には、地域行政学科の学問分野である自治体、公共団体などが受け入れ機関となる特徴があります。なお、企業実習を履修する場合は履修できません。

これらのインターンシップはほぼ同時期に開始されました。2002年度から学費に含める形で実習費の徴収が始まったことと、同年の地域行政学科の設置を受け、企業実習と地域研究インターンシップの計画策定が行われました。そして、2002年入学者が3年生になる2004年から実際にインターンシップが開始されました。

　インターンシップ開始の前年度に学生に対して行われた新設科目である「企業実習」の説明会では、インターンシップについて、学生が在学中に自らの専攻、キャリアに関連した就業体験を行う制度と定義し、金銭を稼ぐことを目的としたアルバイトとは異なることを明示しました。その目的として、「就職する際の企業研究や業種選びへの活用」「実社会への適応能力の向上」「大学で学ぶべきことを明確にする」という3つを掲げています。

第4節　政治経済学部のインターンシップの現状

(1)　企業実習

　前述のように政治経済学部実施のインターンシップの「企業実習」は、「ビジネス・インターンシップコース」と「企業研究コース」の2つがあり、学生はいずれかを選択します。各コースとも適職診断テストやビジネスマナー研修などが義務付けられ、事前にそれらを受けたうえで実習に臨むことになります。また、単位の認定（2単位、卒業単位に含まない）が行われます。

　次ページの表を参考にしてスケジュール（2013年度）を見てみましょう。実際に就業体験を実施するのは8〜9月にかけてですが、そのための準備は4月から始まります。4月に企業実習に関する全体ガイダンス、適職診断・職業適性検査を受けたあと、コースを選択し、5月からはコース別に分かれます。

　「ビジネス・インターンシップコース」は、体験型のインターンシップを実施するコースです。2週間程度、企業での就業体験をすることによって、就業意識の向上と大学で学ぶべきことを明確にすることが目的です。「ビジネス・インターンシップコース」では、マナー研修などの事前研修を2回受け

■インターンシップのスケジュール

	企業実習		地域研究インターンシップ
4月	ガイダンス		ガイダンス
	R-CAP受講（適職診断・職業適性検査）		履修登録の可否連絡
	コース選択		
	履修登録		履修登録
	ビジネス・インターンシップコース	企業研究コース	実習先決定面接
5月	事前研修①	座学授業①〜⑦	
	事前研修②		実習先発表
6月	事前研修③（個別面談）		マナー講座
	実習先決定		マナー実習
	実習事前説明会	企業業界研究⑧〜⑪	実習関連資料配付
	実習先への事前訪問		
8月〜9月	企業実習		実習
	終了後、日誌とレポート提出		終了後、日誌とレポート提出
10月	事後研修		発表会・懇談会
	発表会・懇談会		
11月	実践トレーニング		

たあと、受け入れ企業一覧から希望受け入れ先を第5希望まで選び提出します。

　この際、インターンシップに参加する目的や学生生活で力を入れてきたことなど自己分析の結果をエントリーシートという形で提出しなければならないので、目的意識をある程度明確にしておくことが求められます。エントリーシートの提出を受け、6月上旬には学部教員と外部委託業者の面接を行い、実習先のマッチングが行われ、実習先が決定後、実習についての事前説明会が開催されます。これは、実習を行う前に教員とともに実習先へ事前訪問し、その準備、心構えをするためのものです。実習先への事前訪問にあたっては企業研究シートを作成して持参し、実習先の事業内容などについて理解を深めておきます。

　そして夏期休業期間中に2週間程度の実習に入ります。実習終了後には、

業務日誌とレポートを事務室に提出しなければなりません。10月頃には、事後研修として自らの就業体験をまとめた発表会を行い、コースを修了することになります。

　実習先は首都圏が中心であり、業種も多岐にわたっています。実習先の企業規模としても大企業から中小企業まで幅広いと言えます。次ページの円グラフは2004年度から2013年度までの実習先を産業別に集計したものですが、企業数にして10年間で116社、のべ692社に協力を受けています。もっとも多いのは「サービス業（他に分類されないもの）」であり、その中では人材派遣業が多くを占めています。そして、金融業・保険業、製造業、卸売業・小売業が続きます。明治大学政治経済学部の実際の就職状況において、金融業・保険業、製造業、情報通信業、卸売業・小売業への就職で大半が占められることをふまえると、学生が希望する業界へのインターンシップの機会はおおむね確保できていると言えるでしょう（注9）。

　ただし、「ビジネス・インターンシップコース」を履修する学生数は各年度57〜89名で、政治経済学部の1学年あたりの学生数が約1200名であることを考えると多くをカバーできているとは言えません。しかも金融やマスコミといった人気業界にはインターンシップ希望が殺到するため、必ずしも学生が希望する企業に行けるとは限らないのが実情です。各企業の受け入れ人員数が若干名であることをかんがみればやむをえないことですが、学生の興味の範囲を広げるような事前研修の実施など、今後の改善が必要なところと言えるでしょう。

「ビジネス・インターンシップコース」は、およそ8ヶ月にわたるスケジュールが組まれています。そのなかで、企業研究やビジネスマナー研修、マッチングなど、きめ細かな対応がなされるため、就業体験としてだけではなく就職活動の予行としての意義もあるのです。実際の就職活動では、学生はウェブサイトを通じて希望企業にエントリーし、履歴書またはエントリーシートを提出して選考に残ると次の筆記試験、多様な形式の面接試験に至るのが内々定までの一般的な流れとなっています。インターンシップのエントリーにおいても、自らの職業観やキャリア・ビジョン、さらには企業やその業界への認識などがある程度明確になっていることが必要です。インターンシッ

■ビジネス・インターンシップコースの実習先（産業別）

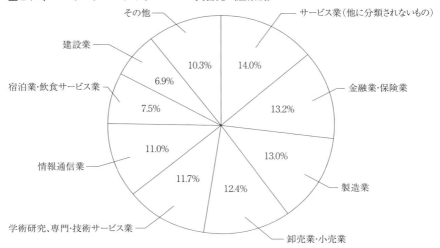

注：割合は2004年度から2013年度までを合計した「産業別の受入人数／実収先の受入人数」。データが存在する2004年度から2013年度までの実習先116社692人分を集計。

■インターンシップ実習者数

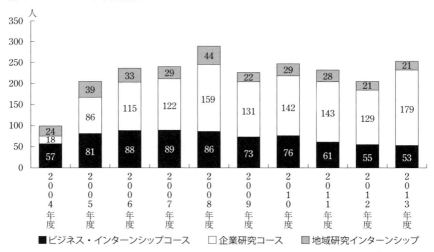

86　理論編　さまざまなインターンシップに何が求められているのか？

プへの申し込み、選抜、企業研究そして実習が予行演習となるため、実際の就職活動に対する戸惑いを軽減することにつながると考えられます。

　もう1つの「企業研究コース」は講義型インターンシップであり、座学での授業を11回実施しています。企業への現地訪問はしませんが、11回のうち4回を企業から派遣された講師が担当しています。講師は各回異なり、これまでには生命保険、損害保険、電鉄、製造業など各業界の大企業から迎えています。座学であるため、ビジネス・インターンシップコースに比べて多くの学生を受け入れることが可能であり、初年度こそ少なかったもののその後は毎年約86～179名の学生が履修しています（前ページ棒グラフ参照）。
「企業研究コース」は、2004～2010年度は「One Dayコース」という名称で、講義型と見学型を組み合わせたインターンシップでした。これは座学に加えて、1日1社、計3社を団体で訪問し、企業担当者から業界や企業についてレクチャーを受け課題に取り組むもので、そのため、学生は異なる業界の企業に訪問することができました。製造業、情報通信、マスコミ、流通、証券、人材派遣、保険など多様な業界の大企業、ベンチャー企業から協力を受けていたため、「ビジネス・インターンシップコース」に比べて学生は多様な業界を見聞できるメリットがあります。学部にとっても、1社につき10～60名程度の団体受講であるため、多くの希望者を受け入れることができました。2011年度以降は、現在の「企業研究コース」に名称を改め、座学中心のコースとなっています。

（2）地域研究インターンシップ

　「地域研究インターンシップ」は、既存のカリキュラムの教育効果を高めることと、キャリア教育としての効果を同時に狙った実習として計画されている点で、特色あるインターンシップと言えます。
　「地域研究インターンシップ」は、地域行政学科3年生を対象としています。地域行政学科は地域を地域コミュニティ、産業社会、行政の3つのカテゴリーから体系的に学ぶというカリキュラムであるため、卒業後の進路として国家公務員、地方公務員を志す学生が比較的多いという特徴があります。このような学生においては、企業ではなく自治体や公共団体でのインターンシッ

プのニーズが高くなっています。また、自治体などでのインターンシップは、学科のカリキュラムや学問分野と密接に関連しているため、インターンシップは就業体験としてだけではなく、学習を深めるためにも有用と言えます。したがって「地域研究インターンシップ」は2単位が認定されるだけでなく、「企業実習」とは異なり卒業要件に含めることもできます。

インターンシップのスケジュールは「企業実習」とほぼ共通です。ガイダンス、実習先決定のための面接（学科担当教員による）、事前研修、夏期休業中の実習、事後発表会が4月から10月にわたって実施されます。履修する学生はすべてのスケジュールに参加することが義務付けられています。

実習先は主に県庁、市役所、区役所です。「企業実習」とは異なり、首都圏だけではなく山形、栃木、長野、愛媛などといった地方圏にも実習先が設定され、学生の希望に応じられるよう努力しています。ただし、教員の個人的な人脈によって実習先を調整しているため実習先の数には限りがあります。地域行政学科の定員が150人（在籍数はさらに多い）に設定されているなか、「地域研究インターンシップ」に参加できる学生数は、20人前後にとどまっています（前掲の棒グラフ参照）。

第5節　大学におけるインターンシップの課題

(1) 明治大学政治経済学部のインターンシップの課題

明治大学政治経済学部のインターンシップが開始されて10年が経過しようとしていますが、企業実習と地域研究インターンシップを合わせた参加学生数は初年度を除いて毎年200人を超え、それぞれに課題はあるものの学部のプログラムとして定着してきました。その一方で、就業能力・意識の向上や学習意欲の喚起という面で、効果的なインターンシップ制度であるかどうかに関しては、改めて検討する必要があります。

インターンシップの効果を高めるうえでは、まずインターンシップに対する学生の満足度を向上させることが重要です。その手段として、事前・事後における研修の充実があげられています。

就業体験を行う「ビジネス・インターンシップ」と「地域研究インターンシップ」においては、ガイダンス、事前研修、エントリーシート作成、教員との個別面談を実施し、さらに「ビジネス・インターンシップ」では実習先事前訪問というステップを踏んでいます。これは、いわゆるマス教育だけでなく、個別の学生対応によって、インターンシップに対する具体的なイメージをもたせ、現実とのギャップを埋める取り組みになっています。
　また、事後研修においても、業務日誌やレポート作成に加え、インターンシップ参加学生および教員に対しての成果発表を行うことが、自己の不足していた点を認識するとともに、一方で周囲からの称賛を得る機会にもなっているのです。このような双方向でのコミュニケーションによる評価によって自己効用感の高まりが期待でき、就職活動での自信にもなる可能性があります。インターンシップ参加学生への調査を行う必要はありますが、インターンシップの効果を向上させるための事前・事後研修のあり方としてはおおむね問題ないと言えるでしょう。
　さらに、インターンシップの効果を高めるうえでカギとなるのは実習の内容であり、大学側からも積極的に関与していくことが望ましいと言えます。しかし、実際には大学側のマンパワーの不足や企業側の都合などにより、企業側に一任されているのが現状です。
　インターンシップの情報が、大学側と企業側で非対称性であることは、インターンシップの効果を弱める可能性を含んでいます。その問題は、学生がインターンシップ希望先を提出する段階ですでに表れます。
　学生がインターンシップの希望先を提出する際の基準となる要素が、既知の企業名（知名度）、希望業界のみになってしまっている可能性があり、インターンシップの目的の１つである多様な業界や企業、職種に対する見聞を広めることとの矛盾が生じてしまいます。実際に、政治経済学部の「ビジネス・インターンシップ」では金融やマスコミなど人気業界への申し込みに偏ってしまう傾向があります。さまざまな情報や価値観にふれてこそ、現状を認識し就業意識を高めることができますが、その効果がインターンシップに行く前に阻害されてしまっているのです。
　また、大学側が企業の実習内容について把握しきれていないため、学生も

日常業務型なのか課題解決型なのか、どの職種に従事するのかといったことが、実際に行ってみなければわからないのです。実習先に行ってみなければ内容がわからないという状況のもとでは、インターンシップにどのようなメリットがあるのか事前に認識しにくくなってしまいます。単に行ってみたい、就職に有利になる、就職面接の話題になるといった功利的な面が強く出て、本来の目的である「就業意識」「能力の向上」「学習意欲の喚起」にまで至らない可能性も少なくありません。学生の目的意識を高めるうえでも、学生に情報を提供する大学側が実習内容について把握しておく必要があると言えます。

(2) 課題解決に必要な企業の協力

　明治大学政治経済学部のインターンシップの取り組み事例から明らかになった課題は、実習内容に関する大学（学生）と企業の間に存在する情報の非対称性から生じるインターンシップ効果の弱まりです。「インターンシップ推進のための調査研究委員会　報告書」（厚生労働省、2005年）においても、「企業の規模や知名度による学生のインターンシップ希望先企業の偏り」が指摘され、学生と企業の的確なマッチングは重要な課題の1つとされています。そして、インターンシップは、実習先の企業がどこであるのかではなく、インターンシップで何を経験し、何を学ぶかという指導の重要性が説かれています。大学側と企業側の情報の非対称性に関する問題は、大学におけるインターンシップでの重要な課題と言えるのです。

　インターンシップは企業の協力があってはじめて成り立つもので、学校側が企業側の計画する実習内容に関して積極的に関与することはなかなか困難です。しかし、インターンシップの効果を高めて目的を達成するためには、学生に対し多様な業界、職種に関する情報提供を行い、情報の非対称性を緩和する取り組みが重要です。そのために大学と企業間での綿密なコミュニケーションが不可欠であることは言うまでもありません。それに加えて大学には、学生から提出されるレポートや業務日報を通じて実習内容に関する情報やその効果を蓄積するなど、地道で継続的な取り組みが求められます。そのような取り組みを行うためには、教職員個人の能力に依存しがちな現状を改

め、学校が組織的にインターンシップを実施するしくみが必要ですが、そのしくみのあり方については今後さらなる研究が必要となるでしょう。

第6節　おわりに

　大学におけるキャリア教育の重要性が高まる中で、インターンシップは就業意識の形成や社会人としての能力を身に付ける場として期待されています。しかし本章で見てきたように、実習としてインターンシップの場を設けるだけではその効果は限定的です。特に、大学、学生と企業間の情報の非対称性という問題があり、就職活動および就職への円滑な接続をはかるという目的に向けてはもう一歩の施策が必要なのです。

　施策として、大学とインターンシップ先との連携を深め、インターンシップの内容とその効果をフィードバックするという取り組みが重要であることは言うまでもありません。それだけでなく、大学在学期間を通じた体系的なキャリア教育の中にインターンシップを位置付けることも大切です。学生の視野を広げてインターンシップを効果的なものにするためには、インターンシップに参加する際の事前・事後学習のみならず、キャリアを考えるためのさまざまな情報提供を入学時から継続的に行っていくことなどが必要です。インターンシップという機会を単なる「社会科見学」に終わらせず、学生の円滑な就業につなげるために大学の組織的な取り組みが求められています。

注1：真鍋和博「インターンシップタイプによる基礎力向上効果と就職活動への影響」(『インターンシップ研究年報』13号、2010年)
注2：矢崎裕美子・中村信次「インターンシップ経験によるコンピテンシーの変化」(『日本福祉大学全学教育センター紀要』第1号、2013年)
注3：大宮智江「学生の就職活動と企業の採用活動のミスマッチ」(『川口短大紀要』第24号、2012年)
注4：高良美樹・金城亮「インターンシップの経験が大学生の就業意識に及ぼす効果」(『琉球大学法文学部紀要人間科学』第8号、2001年)
注5：平野大昌「インターンシップと大学生の就業意識に関する実証研究」(『生

活経済学研究』No.3、2010 年)
注6：亀野淳「体験型インターンシップの役割の再検証と仮説の設定・検証による向上効果」(『インターンシップ研究年報』第 12 号、2009 年)
注7：河野志穂「文系大学生のインターンシップが学びに与える効果」(『インターンシップ研究年報』第 14 号、2011 年)
注8：明治大学政治経済学部のインターンシップ制度や実施状況のとりまとめにあたって、多大なご協力をいただいた明治大学政治経済学部事務室の吉田明美氏に心から感謝致します。
注9：明治大学就職キャリア支援センター「業種別就職状況（学部別）」によると、2012 年度政治経済学部の就職者（936 名）は、金融業・保険業が 22.4%、製造業が 17.5%、情報通信業が 13.0%、卸売業・小売業が 12.5%、公務が 9.5% を占めている。

第5章 米国の観光教育におけるインターンシップ

根木良友

第1節　はじめに

　2013年8月に実施された文部科学省主催「体系的なキャリア教育・職業教育の推進に向けたインターンシップのさらなる充実に関する調査研究協力者会議」では、日本の大学が行うインターンシップに関して、以下の課題があげられました。

○インターンシップ参加を希望する学生の数と比べて受入企業の数が少ない、または受入企業の開拓が不足しているという現状がある。

○学生のインターンシップ希望先が大企業や有名企業に集中し、中小企業の希望者が少ない。

○インターンシップ受入企業の新規開拓のために、企業に受け入れられやすいプログラムの構築を行う専門的な知見を有する人材が不足している。

○インターンシップの実施期間が短期であるため、職業教育又は専門教育に主眼を置き職業的・専門的能力を形成するための就業体験が十分な効果を発揮していない。

○大学サイドからのインターンシップへの関与が不十分なケースが散見され、インターンシップの内容について大学等が主体的に関与せずに企業任せになっている状況が見受けられる。

○インターンシップを単なる就職活動の手段として捉える傾向があり、職場で体験した内容が自らの学修内容や専門性を高めていくことに結び付いていない。

○インターンシップやキャリア教育が大学内において就職担当部署等の一部の教職員の任務と捉えられ、専門教育を担当する教職員の関与が不十分であるため、インターンシップと専門教育における学修との関連性が

希薄になりがちである。

　そこで、本章では、観光関連学部を有する大学が実施するインターンシップに焦点を置き、上述の諸課題をさらに明確にしていきたいと思います。インターンシップを中核とした実務的な教育は単体では効果を発揮せず、本来は大学での学びと連動すべきものです。

　一方で、その連動がうまく機能していない実態が散見されます。それゆえに、まず、観光教育先進国である米国の4年制大学のカリキュラムとインターンシップについて見ていきます。インターンシップは産学連携の人材教育の一形態ですが、日本の場合は観光産業と観光専攻大学との育成人材像のすり合わせが、米国と比較して十分に行われていない傾向があります。そこで、第二として観光産業の中から米国に本社を持つ世界的なホテルチェーンを例にあげ、インターンシップを中核として実施する人材教育を通して、人材育成に対する産業界の考え方と具体的な取り組みを概観します。第三に、ここまでで明らかになった米国における大学と産業界の人材教育に関する考え方や取り組みを基に、日本と米国の比較を行い、インターンシップを中心とした観光人材教育に関する諸課題を紐解いていきたいと思います。

第2節　観光関連学部を有する大学における教育内容とインターンシップ

(1)　コーネル大学
①カリキュラム

　コーネル大学（以下CU）のホテル経営学部は、1922年に米国で初めて設立されたホスピタリティマネジメントに特化した大学です。ニューヨーク州のイサカ市に本部を置き、今日ではホスピタリティビジネス分野において最も権威ある教育機関と言われています。常勤教員は約60名で、ホスピタリティビジネス各分野のエキスパートで構成されています。最先端の教育施設で授業が行われるだけでなく、大学に併設されたスタットラーホテルでのインターンシップなどによる実務教育にも力を入れています。プログラムは、

学士課程にあたる Bachelor of Science in Hotel Administration、修士課程の Master of Management in Hospitality (MMH)、そして博士課程の Ph. D. Programs in Hospitality で構成されています。4年生の学士課程はホスピタリティビジネスに関連するあらゆる側面を網羅し、理論教育と実務教育のバランスを重要視しています。単に理論を学ぶだけでなく、ケーススタディやグループプロジェクトの機会を数多く提供し、またビジネスで不可欠なリーダーシップスキルの教育にも力を入れています。卒業には120単位の取得が義務付けられ、そのカリキュラムの構成は次のようになっています。

　必修科目：Required Core Credits（64単位）
　選択科目：Hotel Electives（14単位）
　　　　　　Distributive electives（18単位）
　　　　　　Free electives（24単位）
　合　　計：120単位

なお、学士課程にあたる Bachelor of Science in Hotel Administration のスタディパスは、次のとおりです。

○1年次履修科目（計30単位）

必修科目：
　HADM 1350 - Introduction to Hotel Operations（3単位）
　HADM 1360 - Introduction to Foodservice Operations（3単位）
　HADM 1150 - Organizational Behavior and Leadership Skills（3単位）
　HADM 1210 - Financial Accounting（3単位）
　HADM 1410 - Microeconomics for the Service Industry（3単位）
　HADM 1650 - Management Communication I（3単位）
　HADM 1740 - Business Computing（3単位）
　First-year writing seminar（3単位）

選択科目：
　Electives（6単位）

○2年次履修科目（計30単位）

必修科目：

HADM 2010 - Hospitality Quantitative Analysis（3単位）
　　HADM 2810 - Human Resources Management（3単位）
　　HADM 2210 - Managerial Accounting（3単位）
　　HADM 2220 - Finance（3単位）
　　HADM 2360 - Food Service Management, Theory and Practice（4単位）
　　HADM 2430 - Marketing Management for Services（3単位）
　　HADM 2550 - Hospitality Development and Planning（3単位）
選択科目：
　　Electives（8単位）
○3年次履修単位（計30単位）
必修科目：
　　HADM 3010 - Service Operations Management（3単位）
　　HADM 3210 - Principles of Hospitality Real Estate（3単位）
　　HADM 3350 - Restaurant Management（3単位）
　　HADM 3550 - Hospitality Facilities Management（3単位）
　　HADM 3650 - Management Communication II（3単位）
　　HADM 3870 - Business and Hospitality Law（3単位）
選択科目：
　　Electives（12単位）
○4年次履修科目（計30単位）
必修科目：
　　HADM 4410 - Strategic Management（3単位）
選択科目：
　　Electives（計27単位）
総取得単位数：120単位

　通常、学生は1学期当たり15または16単位を履修します。特徴として、ホスピタリティ産業、サービスオペレーション、および人事管理・会計管理・計数分析・財務・マーケティング・開発・不動産・施設管理・法務・戦略論などのマネジメント科目が必修化されている割合が大きくなっています。

合わせて、マネジメントコミュニケーションやライティングといったビジネススキル科目も必修となっています。

②インターンシップ

　また、上述の120単位以外に、インターンシップによる2単位のPractice Creditの取得も卒業要件として学生に義務付けられています。インターンシップはホスピタリティ関連ビジネスでの有給・無給いずれかの800時間の就業が全ての学生に対して義務付けられています。授業期間中や夏季休暇期間などに、学生は大学に併設されたスタットラーホテルでの有給のインターンシップを行うこともでき、ポジションとしては経理、宴会サービス、レストランサービス、フロントデスク、ゲストサービス、ハウスキーピングなどでの就業機会が提供されています。必修のPractice Creditの目的は、インターンシップを通して大学での理論教育と職場での実務を有機的にリンクさせることで、目的達成後の期待効果として以下の事項をあげています。

　○学生自身がキャリアに関する関心を探り、多様なホスピタリティ・サービスの産業分野における貴重な就業体験を得られる。
　○将来のキャリアに不可欠なスキルを認識、開発、実践することができる。
　○現実の就労環境において大学で習得した理論を適用し、大学に戻ってからその就業経験をさらに活用することができる。
　○異なるタイプの組織、企業文化、就業環境を比較・対比することができる。
　○組織内の異なる複数の部署での就業体験によって、さまざまな職位の従業員が持つ課題や関心などに関する貴重な視座を得ることができる。
　○卒業時の学生自身の市場価値を高めることができる。

(2) ポールスミスカレッジ

①カリキュラム

　ポールスミスカレッジ（以下PSC）は、米国最大の州立公園であるのアディロンダック公園の中に立地し、1万4200エーカーの敷地の中には森林も含まれる。1946年の設立から約70年の歴史を誇る私立の4年制大学です。

ホスピタリティビジネス関連のプログラムには学士課程にあたる Hotel, Resort and Tourism Management（BS）、Culinary Arts and Service Management（BPS）、Food Service and Beverage Management（BS）、Recreation, Adventure Education & Leisure Management（BS）があり、修士および博士課程は設置されていません。教育のモットーとして"about the experience"を掲げ、コーネル大学ホテル経営学部と同様に大学での講義とインターンシップなどの体験型学習との統合を重視しています。Hotel, Resort and Tourism Management（BS）では、ホテルおよびツーリズム産業での就業に不可欠なマーケティング、財務会計、人事管理などのマネジメントスキルの習得だけでなく、クリティカルシンキングやコミュニケーションといったビジネススキルの習得にも力を入れています。卒業には122単位の取得が義務付けられており、カリキュラムの構成は次のとおりです。

　必修科目：Liberal arts and sciences（61単位）
　　　　　　Upper division 300/400 level courses（43単位）
　選択科目：Electives（18単位）
　合　　計：122単位

　以下は、学士課程にあたる Hotel, Resort and Tourism Management（BS）で履修するホスピタリティビジネス関連科目です。コーネル大学と同様に、産業理解、会計や戦略論などのマネジメント科目が必修となっていますが、あわせて栄養学や衛生学が必修科目となっているところから、PSCがフードサービス産業人材育成に注力していることが伺えます。カスタマーリレーションとマネジメント関連科目は選択必修となっており、学生のキャリア志向に合わせて選択できる形を取っています。

　○ホスピタリティビジネス関連必修科目
　　Hotel, Resort & Tourism Orientation
　　First Year Seminar
　　Food Service Sanitation
　　Nutrition
　　Financial Accounting
　　Hotel Accounting

Hospitality Futures
　　Field Studies in Hospitality
　　Strategic Planning
　　Financial Decision Making
　　Cultural Enology
　　Hospitality Business Simulation
○カスタマーリレーション関連選択必修科目（3科目選択）
　　Principles of Marketing
　　Principles of Management
　　Dining Room & Kitchen Management
　　Baking Retail
　　Intro to Food & Beverage Service
　　Front Office Property Management
○マネジメント関連選択必修科目（3科目選択）
　　Recreation & Resort Marketing & Management
　　Major Event & Festival Planning
　　Human Resource Management
　　Operations Management
　　The Family Enterprise
　　Business Ethics & Decision Making
　　Facilities Planning & Environmental Management
　　Global Markets
　　Management Information Systems

②インターンシップ

　インターンシップについては、ホスピタリティ関連産業での800時間の就業が義務付けられています。PSCではインターンシップはIntegrated General Education（IGE）の範疇で捉えられ、単位の認定はされません。IGEは、有能なビジネスパーソンに不可欠な競争力やスキルを卒業時までに習得することを目的として、以下の5つの項目を重視し実施されています。

○分析を基にした推論力と科学的な探求力
○定量的な問題解決力
○書面によるコミュニケーション力
○地域文化への適応力
○自己責任の自覚と自己表現の力

(3) セントラルフロリダ大学
①カリキュラム

　セントラルフロリダ大学は、年間5600万人の入込客数を誇る米国のフロリダ州オーランドに立地し、ホスピタリティ関連学部として3000名以上の学生数を誇る Rosen College of Hospitality Management を有しています。ホスピタリティ関連プログラムには、学士課程にあたる Bachelor of Science in Hospitality Management、Bachelor of Science in Event Management、Bachelor of Science in Restaurant & Foodservice Management があり、修士課程には Master of Science in Hospitality & Tourism Management、そして博士課程には Ph. D. in Hospitality Management と Ph. D. in Hospitality Education（現在募集停止）があります。

　同大のミッションは、革新的なアカデミックプログラム、最新の調査研究および強固な産業界と地域社会とのパートナーシップを通して、世界のホスピタリティ産業のあらゆるセグメントを代表するグローバルリーダーを輩出することであり、そのためにリーダーシップやプロフェッショナリズムに関して学生に指導することを教員自らが日々実際に体現することをサービスプロミスとして順守しています。学士課程の修了には120単位の取得が義務付けられ、カリキュラムの構成は次のとおりです。

　　必修科目：Common Program Prerequisites（3単位）
　　　　　　Hospitality Management Core Requirements: Basic Level（34単位）
　　　　　　Core Requirements: Advanced Level（インターンシップ含む・21単位）
　　　　　　UCF General Education Program（36単位）

選択科目：Restricted Electives（15単位）
　　　　　 Electives（11単位）
　合　　計：120単位

　以下は、学士課程にあたるBachelor of Science in Hospitality Managementで履修するホスピタリティビジネス関連科目です。本プログラムでは、ホスピタリティ関連必修科目をベーシックレベルとアドバンスレベルの2つの枠組みでくくり、それらは卒業に必要な単位数の半数近くを占めています。

○ホスピタリティビジネス関連必修科目：ベーシックレベル（34単位）
　FSS 2221C　Techniques of Food Preparation（4単位）
　HFT 3540　Guest Services Management I（3単位）
　HFT 2401　Hospitality Industry Financial Accounting（3単位）
　HFT 3431　Hospitality industry Managerial Accounting（3単位）
　HFT 2500　Hospitality and Tourism Marketing（3単位）
　HFT 2220　Hospitality Human Resources Management（3単位）
　HFT 3444　Hospitality Information Systems（3単位）
　HFT 3603　Legal Environment in the Hospitality and Tourism Industry（3単位）
　HFT 4464　Hospitality Industry Finance（3単位）
　HFT 4286　Hospitality Communications（3単位）
　HFT 4295　Leadership and Strategic Management in Hospitality Industry（3単位）

○ホスピタリティビジネス関連必修科目：アドバンスレベル（21単位）
　（インターンシップ以外の3単位科目7科目から6科目を選択）
　HFT 2254　Lodging Operations（3単位）
　HFT 3700　Tourism Management（3単位）
　HFT 2750　The Event Industry（3単位）
　HFT 3263　Restaurant Management（3単位）
　HFT 3273　Principles of Resort Timesharing（3単位）
　HFT 4755　Theme Park and Attraction Management（3単位）
　HFT 4277　Yacht, Country, And City Club Management（3単位）

HFT 3940　Internship I（1 単位）
HFT 4941　Internship II（1 単位）
HFT 4944　Internship III（1 単位）

②インターンシップ

　インターンシップについては、9 から 12 ヶ月間のホスピタリティ関連産業での有給の就業が義務付けられています。UCF では、インターンシップは Experiential Learning（EL）の範疇で捉えられ、次の事項を目的として実施されています。

　○専攻分野および就職先業種を明確化する。
　○専攻分野に特化した就業経験を得る。
　○アカデミックおよび実務スキルを向上する。
　○大学での学習内容を現実のビジネスに適用する。
　○実業界とのネットワークを構築し、また実務的な技能も習得する。
　○卒業時に得られる給与水準と雇用機会を最大限にする。

第 3 節　主要ホテルチェーンが提供する　　　　インターンシップを中心とした就業体験

　前節では、観光・ホスピタリティ関連学部を有する米国の 3 大学の教育内容をカリキュラムとインターンシップの側面から概観しましたが、本章では産業界が大学と連携して取り組むインターンシップなどの就業体験の事例を見ることで、業界の人材育成に対する考え方や具体的な取り組みを概観します。

　ここでは、観光業種の 1 つに該当する米国の主要ホテルチェーンであるヒルトンワールドワイドとスターウッドホテルズ＆リゾーツが提供するインターンシップを中心とした就業体験を事例とします。

(1) ヒルトンワールドワイド
① Internship Program

　ヒルトンワールドワイド（以下 HW）では、インターンシップを学士課程に在学中の 4 年間または卒業直後の就業体験と定義しています。インターンシッププログラムには、日本でのホテルインターンシップで行われている事業所レベルの Property Internships の他に、本社での Corporate Internships と収益管理業務に特化した Revenue Management Internships の 3 種類があります。このインターンシッププログラムは、大学の夏季休暇期間中に 10 週間にわたって実施されています。本プログラム参加にあたっての必要要件は次のとおりです。

　○ホスピタリティ、ビジネス、または関連分野の 4 年制大学学士課程に在籍していること。
　○研修時に 2 年生以上であること。
　○累積 GPA が 3.0 以上であること。
　○配属されたホテルまたはリゾートにて研修ができること。
　○英語による会話、読解、ライティングが流暢であること。
　○複数のプロジェクトに優先順位を付けながら同時に実行できるように理路整然としていること。
　○高い倫理観および分析的な問題解決能力を有すること。
　○困難や環境の変化に直面した際に、前向きな姿勢と忍耐力を発揮できること。
　○プレゼンテーション、スピーチ、書面によるコミュニケーションの高いスキルを有すること。
　○単独およびグループにより業務を推進するための高い対人関係構築とチーム構築のスキルを有すること。

　また、HW が定めるインターンシップの期待効果は次のようなものです。
　○学生は、従業員の一員としてヒルトンワールドワイドユニバーシティを含む研修と能力開発の機会を与えられる。
　○学生は、適正で正確な作業計画に基付き、定期的に実績評価を受けられる。

○学生は、メンターの指導の下で就業期間中に完了すべき就業部門でのプロジェクトを与えられる。
　　○学生は、自身の市場価値・スキル・知識を高めるための意義のある経験を得られる。

② Management Development Program（MDP）
　本プログラムは大学4年生を対象としたもので、前述したインターンシッププログラムの上位レベルに位置しています。実施期間は5ヶ月で、研修内容はホテル事業所でのマネジメントトレーニングにフォーカスされています。参加要件については前述したインターンシップとほぼ同じですが、唯一の相違点はMDPの対象者が大学4年生のみに制限されている点です。MDPの目的には2つの側面があり、次のように規定されています。
　　○ヒルトンホテルが認定する全米トップレベルの大学で優秀な成績を修めている学生に対して、ホテルマネジメントのあらゆる側面に関する実践的かつ短期集中型のトレーニングを提供する。
　　○ヒルトンは未来の幹部候補生輩出に関する教育投資を行い、参加者に対してヒルトンでの将来における成功を保証する。
　参加者は最初の8週間でジョブローテーションを行い、後半の16週間には志望する経営管理業務部門において業務を行います。研修先業務部門は、財務会計、フード＆ベバレッジ、フロントオフィス、人事管理、客室管理、セールス／イベントなどがあります。

③ General Manager Fast-Track Program（FTP）
　このプログラムの対象者は大学の学士課程修了者で、大学卒業直後の学生が7年以内に総支配人としてホテルを運営できるように教育訓練を行う内容になっています。一流ホテルの総支配人になるのが50歳前後である日本に対して、10年かけずに30歳までに総支配人を育てるというヒルトンの手法は、日米のキャリアパスの捉え方の違いを象徴していて興味深いものです。FTPへの参加条件は学士課程の修了の他に、流暢な語学力（英語および他のヨーロッパ言語のうちの1つ）などです。FTP参加者は、さまざまな部門での

業務を経験し、また多様な人種や文化を体験できるように、2ヶ国での就業経験を行うことになっています。日本でもFTPと類似のジャパニーズエレベーターという研修プログラムが運用されています。

(2) スターウッドホテルズ＆リゾーツ

① Internship Program

スターウッドホテルズ＆リゾーツ（以下SHR）では、大学生に対して夏季休暇期間を利用したインターンシップの機会を提供しています。期間は10〜12週間の期間で、内容は単なる就業体験ではなく、ホテル業務の理解とキャリア開発を目的とした初級レベルの常勤専門職に相当するものとなっています。学生はこのインターンシップに参加することで、SHRに就職できる可能性が高まります。

② Management Training Program

このプログラムでは、マネジメントに関する専門的能力の指導と開発を行い、オペレーション業務部門と後方支援をするマネジメント部門のジョブローテーションを行うことで、近い将来管理職として成功するために必要な基礎的なスキルを身に付けることができます。研修期間は6〜18ヶ月で、研修を行う業務によって期間は異なります。研修終了後は、ラインスタッフではなく、アシスタントマネージャーまたはそれに相当する職位からキャリアをスタートさせることができます。

③ Advanced Degree Internship Program

このプログラムは、Master of Business Administrationなどの修士課程の在籍者を対象とした上級学位インターンシップです。期間は8〜10週間で、米国の世界本社と個別の事業所で実施される集中型プログラムです。研修生は期間中正社員に匹敵する就業機会と責任が与えられ、SHRのビジネスの基本を深く理解できるのみならず、将来に向けての人脈作り、充実したプロジェクト体験、そして実戦的な知識習得を行うことができます。

④ Vita/Finance Futura

　ここでは SHR がヨーロッパ・アフリカ・中東地域で行うプログラムを紹介します。本プログラムの対象者は大学の学士課程修了者で、参加要件は次のとおりです。

　○ヨーロッパ、アフリカ、中東諸国の国籍を有すること。
　○学士課程卒業またはそれに準ずる学位を取得していること。
　○英語および第二外国語で円滑なコミュニケーションが取れること。
　○本プログラム参加に対する強い意欲を有すること。
　○ヨーロッパ、アフリカ、中東諸国でのトレーニングに参加できること。
　○極めて積極的な行動特性を有すること。
　○ホテル産業に対する強い情熱を有すること。

　本プログラムは Vita Futura（VF）と Finance Futura（FF）の2種類で構成され、Vita Futura はサービスオペレーション部門の研修で就業期間は 15～18ヶ月となっています。以下は VF の18ヶ月にわたるトレーニングスケジュールで、6ヶ月毎に研修内容がステップアップする仕組みを取っています。

　○最初の6ヶ月：Operational Overview
　　宿泊、飲料、その他の3部門で基礎トレーニング
　○次の6ヶ月：In-Depth Experience
　　特定の2部門での上級トレーニング
　○最後の6ヶ月：Specialization
　　特定の1部門でのプロフェッショナルトレーニング

　VF 修了者はスターウッドでのキャリアをマネジメントポジションから始めることができます。

　一方の FF は財務部門の研修で、就業期間は約90週間となっています。90週間の研修スケジュールは以下のとおりです。修了後は財務副部長クラスのポジションからキャリアをスタートすることもできます。

　○4週：Operational Overview
　　　　財務会計オペレーションの概観
　○6週：Account Payable

　　　　買掛金
○ 12 週：Account Receivable & Credit
　　　　売掛金とクレジット
○ 10 週：Credit
　　　　クレジット
○ 6 週：General Casher
　　　　現金仕訳
○ 12 週：Income Audit
　　　　損益計算書
○ 4 週：Cost Control
　　　　原価管理
○ 12 週：General Ledger
　　　　総勘定元帳
○ 24 週：Assistant Financial Controller
　　　　副財務部長とのマンツーマン・トレーニング

第4節　日米の大学の比較調査

(1)　観光関連産業への就職率

　文部科学省のデータによると、2012年4月時点で日本には観光関連学部または学科が全国で42大学46学科・コースあり、入学定員は4,772名となっています。また、2013年7月に玉川大学で実施された「観光教育に関する学長・学部長等会議」では、2012年の観光関連学部または学科卒業生の観光関連産業への就職率は16.1％しかなく、日本では観光産業という専攻分野への就職率の低さについて改善の余地があるとの報告がなされました。

　一方の米国の観光ホスピタリティ関連専攻の大学卒業生の観光関連産業への就職率については、全米を網羅する資料が見当たらなかったため、観光分野で著名なコーネル大学ホテル経営学部学士課程卒業生のものを例にあげ、傾向を捉えてみます。次の円グラフは、2012年度のコーネル大学ホテル経営

■ 2012年コーネル大学ホテル経営学部卒業生の就職先

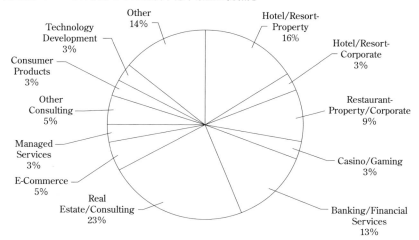

　学部学士課程卒業生の就職先の分布を示したものです。
　総回答数は154名で、Hotel/Resort-Property、Hotel/Resort-Corporate、Restaurant-Property/Corporate、Casino/Gamingといったホスピタリティ／サービス業種への就職率が全体の中で、合計で31％を占めています。また、Banking/Financial ServicesやReal Estate/Consultingといったホスピタリティビジネスの不動産業的側面と直結する金融・不動産・コンサルティング業種の合計は46％です。さらに、E-CommerceにはRevenue Management、OtherにはEvent PlanningやAirlineなどのホスピタリティ分野の業種が含まれ、大多数が観光産業への就職をしたことが示唆されます。
　補足として、日本の観光専攻の専門学校の関連産業への就職率の例として、専門学校日本ホテルスクール（JHS）をあげてみます。夏季と冬季の2つのオリンピックと大阪万国博覧会を経てホテル産業の市場規模が著しい拡大傾向にあった1971年に、JHSはホテル企業であるプリンスホテルチェーンによって、産業界の将来を担う人材を育成するために設立されました。その後、運輸省（現国土交通省）認可の財団法人日本ホテル教育センターの運営（2009年まで）となり、現在ではJHSはホテル単科の専門学校としては日本で最大の学生数を誇り、また開校以来経済状況の良し悪しに関わらず就職希望者の

■ 2013年　専門学校日本ホテルスクール卒業生の就職先

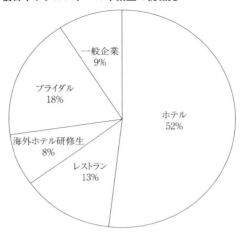

就職率は常に100％を維持しています。上記の円グラフは、2013年度の専門学校日本ホテルスクール卒業生の就職先の分布を示したものです。

　就職希望の卒業生総数は368名で、就職先業種としてホテル52％、レストラン13％、海外ホテル研修生8％、ブライダル18％、一般企業9％となっており、観光関連業種への就職率は91％を誇ります。内訳の中の海外ホテル研修生8％（28名）とは、海外ホテルでの1年契約の就業で、実績をあげた卒業生は次年度以降も契約延長ができ、またマネジメントポジションへと昇進する者もいます。本プログラムは、単なる海外でのアルバイトや無給の体験型インターンシップとは一線を画したもので、入国ビザの諸手続きをはじめ、給与や食事、住居などきめ細かいところまで一定水準を満たした研修生制度として確立され、これまで約20年間に渡って継続的に実施されている点が特筆されます。

(2)　観光関連科目の必修度

　次に、日米の観光関連学部を有する大学で、観光関連科目がどの程度必修になっているのかを見てみましょう。比較対象の大学については、米国は前述したコーネル大学（CU）Bachelor of Science in Hotel Administration、セ

ントラルフロリダ大学（UCF）Bachelor of Science in Hospitality Management、ポールスミスカレッジ（PSC）Hotel, Resort and Tourism Management、そして日本は東洋大学国際地域学部国際観光学科、玉川大学経営学部観光経営学科、立教大学観光学部観光学科の日米各3大学です。各大学の観光関連必修科目の単位数（カッコ内は卒業に必要な単位数）は、CU64単位（120単位）、UCF58単位（122単位）、PSC43単位（120単位）、東洋大学34単位（124単位）、玉川大学30単位（124単位）、立教大学6単位（124単位）となっています。また、これら6大学の観光関連必修科目の単位数が卒業要件の単位数に占める割合を示したものが次の棒グラフです。

観光関連科目の卒業要件単位数に占める割合は、CU53.3％、CF48.3％、PSC35.2％、東洋大学27.4％、玉川大学24.2％、立教大学4.8％となっています。全体的な傾向として、米国の大学では、卒業要件単位に占める観光関連必修科目の割合が高くなっています。中でも、CUとUCFについては、卒業に必要な総単位数の半数前後の観光関連科目を必修化しています。一方で、日本の大学については、観光関連科目を必修化する割合が低く、学生の希望により科目を選択する形式をとっています。

補足として、前述した専門学校日本ホテルスクール（JHS）、ホスピタリティツーリズム専門学校（HT）、そして日本のホテル教育では最も歴史のある東京YMCA国際ホテル専門学校（YMCA）といった観光関連専攻の専門学

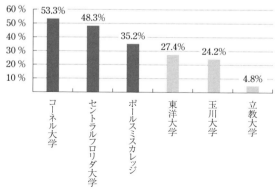

■観光関連必修科目の割合

校における観光関連専門科目の卒業単位数に占めるおおよその割合を見ると、JHS50％、HT70％、YMCA70％となっています。JHSのように一般教養と語学・専門科目のバランスを重視する学校、またHTとYMCAのように専門科目に力点を置いている学校といったように特色は異なりますが、これら専門学校ではほとんどの科目が必修化され、材育成目標に向けてスタディパスを集約しているという点で、日本よりも米国の観光関連大学に近い傾向が伺えます。

(3) インターンシップの実施内容

文部科学省の調査によると、2011年度に単位認定を行うインターンシップを実施した大学の割合は、70.5％（大学数544校）で、インターンシップに関してある一定の認知がなされてきたことが伺えます。一方で、同じ2011年度にインターンシップを体験した学生の割合は、2.2％と極めて低い現実があります。また、大学における2011年度のインターンシップの実施期間については、2週間未満が61.6％で、日本では比較的長期にあたる1ヶ月以上になると11.5％に減少しています。ここでは、日米の観光関連学部を有する大学のインターンシップについて、必修／自由選択の設定、就業時間数（または就業期間）、有給／無給の区分、就職との関連について考察します。比較対象の大学については、次のとおり前述した日米の6大学とします。

○コーネル大学
- 科目設定：　　　必修科目
- 科目名：　　　　Practice Credit
- 認定単位数：　　2単位
- 就業時間数：　　最低800時間
- 有給／無給：　　原則有給だが無給も可
- 採用との関連：　推奨する

○ポールスミスカレッジ
- 科目設定：　　　必修科目
- 科目名：　　　　Integrated General Education
- 認定単位数：　　0単位

- 就業時間数：　　最低 800 時間
- 有給／無給：　　原則有給だが無給も可
- 採用との関連：　推奨する

○セントラルフロリダ大学
- 科目設定：　　　必修科目
- 科目名：　　　　Internship Ⅰ/Ⅱ/Ⅲ
- 認定単位数：　　各 1 単位、計 3 単位
- 就業期間：　　　計 9-12 ヶ月
- 有給／無給：　　有給
- 採用との関連：　推奨する

○立教大学
- 科目設定：　　　自由選択科目
- 科目名：　　　　観光インターンシップ A/B
- 認定単位数：　　各 1 単位
- 就業期間：　　　各 2-4 週間
- 有給／無給：　　無給
- 就職との関連：　推奨しない

○東洋大学
- 科目設定：　　　自由選択科目
- 科目名：　　　　インターンシップⅠ/Ⅱ
- 認定単位数：　　各 2 単位
- 就業期間：　　　各 3-4 週間
- 有給／無給：　　無給
- 就職との関連：　推奨しない

○玉川大学
- 科目設定：　　　自由選択科目
- 科目名：　　　　インターンシップ A/B/C
- 認定単位数：　　各 2 単位
- 就業期間：　　　各 2-4 週間
- 有給／無給：　　無給

- 就職との関連：　推奨しない

　6大学共に、専攻に関連する観光産業でのインターンシップを実施していますが、日米の大学におけるインターンシップの大きな差異として、以下4点があげられます。

　第一は、米国の大学ではインターンシップは必修科目として設定されているのに対して、日本の大学では自由選択科目になっている点です。米国の観光・ホスピタリティ型インターンシップの必要度に関する先行研究の中で、次のような見解が示されています（注1）。

　米国の観光・ホスピタリティ型学部においては、インターンシップは、学問の一環を形成しており、学生の基礎的知識・技術水準、専門的知識・技能水準を修得し、同時に進路を明確化し、学生が就職やキャリア開発を図る上で欠かせない科目となっているということである。インターンシップを体験しなければ、ホスピタリティに関する基礎・専門の知識・技能が欠落し、就職もその後のキャリア開発も不利になるという図式になっているのである。

　これは、米国の観光専攻の大学ではインターンシップが必修化されていることと結び付きます。日本の特に観光専攻の学部においては、インターンシップを必修化することが、さらなる教育効果とキャリア開発につながっていくと推察されます。

　第二の相違点は、インターンシップの実施期間です。米国では最低800時間程度の就業が義務付けられているのに対して、日本では80-160時間（40時間／週で換算）と極端に短いことです。ポールスミスカレッジの校長とのインタビューの中で、1ヶ月程度の就業経験はインターンシップとは言えず、単なるwork experienceであるとの認識を持たれました。理由としては、1ヶ月の就業経験では職場の雰囲気を体験できるにすぎず、大学で学習した内容を実務に適用することでアカデミックスキルを向上し、将来のキャリアに必要な能力を認識・開発するにはあまりにも短すぎるとの見解です。

　第三の相違点として、インターンシップが有給・無給のいずれであるかという点があげられます。日本のインターンシップは無給のケースが多いのですが、米国は原則的に有給です。特筆すべきは、UCFでは有給のインターン

シップが義務付けられていることです。その理由は、無給のインターンシップでは受入れ機関、学生ともに無責任になりがちで十分な効果が見込めないからだそうです。

　第四の相違点は、インターンシップと採用との関連性です。一般社団法人日本経済団体連合会は採用選考に関する企業の倫理憲章の中で、インターンシップについて「産学連携による人材育成の観点から、学生の就業体験の機会を提供するために実施するものである。したがって、その実施にあたっては、採用選考活動（広報活動・選考活動）とは一切関係ないことを明確にして行うこととする。」としています。これは、インターンシップをキャリア開発のみならず、採用活動の１つの起点として積極的に捉えている米国と正反対の考え方であり、非常に興味深いものです。米国におけるインターンシップと採用との関連性を表すデータの１つをあげると、コーネル大学では2012年度の卒業生全体の18％がPrevious Summer Jobをきっかけに就職を決めています。

第5節　おわりに

　以上の調査を踏まえて、ここでは本章の目的であるインターンシップを中心とした日本の大学における観光教育の諸課題について総括します。

　まずは、日本における観光インターンシップの現状についてです。多くの場合必修化されていない自由選択科目なので、インターンシップ非経験者は、専門教育とキャリア開発との相乗効果を得られていない現状があります。研修期間に関しては２〜４週間といった短期間が主流のため、大学での学びをベースとしたキャリア開発が十分になされていません。また、今後長期のインターンシップが実施された場合、授業期間中の夕方以降が研修の時間帯の候補としてあげられます。その場合、数ヶ月間無給の研修を行うのでアルバイトができず、昨今の経済情勢では生活苦になる学生が出てくる恐れがあり、この点では米国のような有給のインターンシップの導入を検討する必要が出てくるかもしれません。インターンシップと採用活動との関連付けについては、経団連の倫理憲章によって双方を関連付けないよう取り決めがなされま

した。一方で、産業界ではインターンシップを起点として採用活動につなげていきたいという見解を持つ人事担当者もいます。それがグローバルでは一般的な考え方であるので、採用活動との関連付けを完全に否定することはできません。

　次に、大学教育とインターンシップとの連動性に関して、原則的にインターンシップを必修化している米国と比べて、自由選択科目としている日本の大学では在学中にインターンシップを体験しない学生が多数おり、連動以前に片手落ちの状態となっています。また、たとえインターンシップを経験していたとしても、その多くが短期間の体験型研修であるため専門科目の内容との連動性が極めて低くなっています。今後は専門科目が基礎科目から展開科目に発展するのと同様に、インターンシップ科目もたとえばベーシックレベルからアドバンスレベルへ移行させ、専門基礎科目とベーシックレベル、発展科目とアドバンスレベルが効果的に連動するような仕組み立てを開発する必要もあるでしょう。

　第三として、産業界のキャリアパスのあり方についてですが、観光産業の１つであるホテル企業を例に取ると、日本では大学卒業後10数年ほど経った30代半ば頃に初級管理職に昇進するのが一般的です。一方で本調査でも述べたとおり、米国では大学卒業から最短２年で財務副部長、７年で総支配人を育成するキャリアパスと教育研修体系を既に構築しています。日本と米国では就労環境の違いはありますが、ホテル産業の場合は運営フォーマットが世界的に標準化されつつあるので、一定レベル以上の基礎力をもつ者に対しては適切な教育研修を施すことで、従来よりも効率的に総支配人や管理職を育て上げる試みが日本でも必要ではないでしょうか。また、米国のホテルでは組織階層をフラットにして、一握りのマネジメントスタッフがその他大勢のパートタイムの社員を動かす構造にあります。人的サービスが主力商品であるホスピタリティ産業は労働集約的で総売上に占める人件費率が高い傾向にあるため、全体を緩やかにボトムアップさせてきた従来型の日本の昇進システムや組織構造の転換もキャリアパスに関連した課題であると言えます。

　最後に、2012年に観光庁主催で実施された「観光ラウンドテーブル」の中で、セントラルフロリダ大学ローゼンホスピタリテイ経営学部 副学部長の

原忠之氏が語った言葉を要約し、引用したいと思います。

　米国の観光系大学のビジネスモデルにおいては、顧客は学生ではなく、産業界である。顧客である産業界のニーズに基づき、顧客の競争力を強化出来るようなスペックを持った、均一で高品質な商品（学生）を生産する（世に送り出す）ことが観光系大学の使命である。「観光とは光を見ること」や「おもてなしが大切」などと教えても、学生の就職先があまり無いのは、そもそもの教育内容が産業界のニーズにマッチしていないからである。観光教育と学術研究の世界的潮流としては、国家や地域の比較競争力を強化するために、ミクロレベルで個別の観光関連産業の経営力向上に注力している。具体的には、財務諸表の読解力、収益管理能力、マーケティング戦略の立案力、人材資源管理能力、そしてコミュニケーション能力の向上に加えて、観光産業の個別セグメント毎の経営手法の習得がカギである。

　観光関連大学における人材育成目標の具体案については、日米の環境の違い、また大学間での教育方針の差異もあり、一律の形にはできません。しかし、原氏の言葉のとおり、産業界のニーズを考慮した人材像、およびそれを育成するために必要な大学の教育内容のあり方に関して、産学の間でより踏み込んだ議論が求められると考えます。

　　注1：太田和夫「インターンシップとキャリア教育―観光・ホスピタリティ課程にインターンシップは必要か―」（『帝京大学紀要』第2巻第2号、2012年3月）

第6章 企業以外で行われるインターンシップが示唆するもの
——道徳教育・人間教育としてのインターンシップの可能性——

山口圭介

第1節　はじめに

　国際化・情報化の進展などに伴い、雇用情勢の変化に対応することのできる人材の育成を目指して急速に普及・発展したわが国のインターンシップは、もともと大学生を対象とする企業における実習・研修的な就業体験を意図するものでした。しかしながら、今日では、その教育的意義が広く認められ、インターンシップの対象は、中学生・高校生へも拡大され、受け入れ先についても、企業だけでなく、中央省庁や県庁・市役所、学校、病院、NPOなど、非常に多様化しています。さらに、インターンシップの活動場所も、もはや国内に留まらず、広く海外にまで及んでいます。

　このような変化に伴い、「インターンシップ」ということばもまた、きわめて多様な意味において語られるようになり、もはや、一義的・一般的な定義を示すことは、困難な状況にあります。たとえば、1997年の「教育改革プログラム」における「学生が自らの専攻、将来のキャリアに関連した就業体験を行うこと」というインターンシップの代表的な定義は、確かに、企業はもちろん、さまざまな領域・分野において、通用するものと言えるでしょう。しかしながら、この定義からは、中学校における「職場体験」や「アルバイト」、さらには、「ボランティア」との明確な相違を見出すことは困難です。また、医療や看護、介護や教育などにおける「法令実習」との相違を明確にすることもできません。それゆえに、近年では、「法令実習」などについても、広くインターンシップの形態の1つとしてとらえようとする新たな視点も見られるようになりました（注1）。

このような変化の主要な背景の1つとして、学校がインターンシップを積極的に導入してきたことがあげられます。たとえば、中学校では、現行の学習指導要領において、「職場体験活動やボランティア活動、自然体験活動などの豊かな体験を通して生徒の内面に根ざした道徳性の育成が図られるよう配慮しなければならない」ことが明記されています。また、文部科学省の「職場体験ガイド」では、職場体験が、「望ましい勤労観、職業観の育成」や「社会の構成員として共に生きる心を養い、社会奉仕の精神の涵養」などの意義をもつものであり、「小学校での街探検、職場見学等から、高等学校でのインターンシップ等へと体験活動を系統的につなげていく意味において、重要な役割」を担っていることが述べられています。こうしたことから、国立教育政策研究所が実施した「平成25年度職場体験・インターンシップ実施状況等調査結果」によれば、公立中学校における職場体験の実施状況は、9,706校中9,569校と過去最高を記録し、全体の98.6％と非常に高い割合となっています。ここに、インターンシップの対象の拡大を見ることができます。

　また、大学についても、1996年には104校（17.7％）というインターンシップの実施校数・実施率が、10年後の2006年には482校（65.8％）と、実施校数としては5倍近くまで増加したことが、文部科学省の調査から明らかになります（注2）。加えて、最新の「大学等における平成23年度のインターンシップ実施状況について」によれば、単位認定を行う授業科目のインターンシップを実施する学校数と単位認定を行う授業科目以外のインターンシップを実施する学校数の割合と合計は、大学の場合、全体の96.8％にあたる724校となっています。さらに、インターンシップの受け入れ先については、企業71.7％、官公庁47.5％、学校22.9％、医療機関58.5％、各種団体（財団・社団法人、NPO等）39.3％、その他（個人事業主、個人事務所等）36.7％となっています。このことから、インターンシップの活動の場が、企業以外にも拡大されていることがわかります。

　これらのことをふまえ、本章では、新たな広がりを見せる企業以外のインターンシップに着目し、その現状と性格を明らかにするとともに、その教育的意義を問い直すことによって導かれるわが国のインターンシップの可能性を模索してみたいと思います。ただし、上記の調査の項目の1つである「そ

の他（個人事業主、個人事務所等）」については、分類上「個人企業」として位置付けることが可能であることや、法律に制限された銀行業などを除いてほぼ全ての事業を行うことができることなどから、企業におけるインターンシップとの共通点を多く見出すことができるため、ここでは割愛し、「官公庁」、「学校」、「医療機関」、「各種団体」という4つの項目について、取り上げることにします。

第2節　官公庁におけるインターンシップ

(1) インターンシップの普及・発展と官公庁

　わが国のインターンシップの制度は、1997年の「教育改革プログラム」と閣議決定された「経済構造の変革と創造のための行動指針」において、政府がインターンシップを総合的に推進する施策を提起したことに始まると言うことができます。このような動きをふまえ、同年には、文部省、経済産業省、労働省（省名は当時）の3省合意のもと「インターンシップの推進に当たっての基本的考え方」が公表されました。ここでは、「インターンシップの場としては、一般的には企業が考えられるが、インターンシップの目的に応じて、行政機関や公益法人等の団体なども考えられる」こと、「職業意識を高める観点からは、必ずしも学生の専攻に関連する分野だけでなく、幅広い分野を対象にしたり、また一つの分野にだけ行くのではなく、複数の分野を経験することも有意義であると考えられる」ことなどから、インターンシップの場（領域）を多様化することの必要性が述べられています。

　官公庁によるインターンシップの推進は、ここで述べられている「インターンシップの場の多様化」へのいわば先導的な取り組みとして位置付けることのできるものであり、日本インターンシップ学会の会長である吉本圭一氏において「一面では、日本の高等教育においてほぼゼロからの出発」であったとさえ言われる、わが国のインターンシップの普及と発展に多大な影響を与えました（注3）。なかでも、施策としてのインターンシップに深く関わる文部科学省、厚生労働省、経済産業省は、「教育的」「労働政策的」「産業振興

的」というインターンシップの各々の側面とも直接関連付けられることから、官公庁によるインターンシップの推進において、中心的な役割を果たしてきたと言えます。

　このような官公庁によるインターンシップの推進は、一方において、政策的・制度的な観点からとらえることができます。たとえば、農林水産省による全国の農業会議所が主催する「農業インターンシップ」への補助事業や経済産業省による産学連携人材育成事業、各都道府県・地域によるインターンシップ推進の中核的組織となる協議会などの設立などがこれにあたります。他方において、それは、実質的・実際的な観点からとらえることもできます。すなわち、官公庁の協議会への参加やインターンシップの直接的な受け入れなどがこれにあたります。ここでは、後者の観点から、官公庁を中央官庁と地方公共団体とに区分し、検討を進めていくことにします。

(2)　中央官庁におけるインターンシップ

　中央省庁でのインターンシップは、1999年の文部省（当時）による受け入れに始まりました。その後、2002年には、環境省も受け入れを始め、現在では、総務省、法務省、外務省、文部科学省、厚生労働省、農林水産省、経済産業省、国土交通省、環境省、防衛省の10の省と警察庁、金融庁、原子力規制庁の3庁が、インターンシップの受け入れを実施しています（注4）。実施の詳細については、各省庁が独自に定める実施要領や覚書にもとづくものとされます。

　それらを見ると、インターンシップの目的は、「法務行政に対する理解を深めていただくこと」（法務省「法務省インターンシップ」）、「防衛省の業務に対する理解をより深めてもらうこと」（防衛省「防衛省技術系インターンシップ」）など、各省庁の業務に対する理解を深めるという側面に重点が置かれたものと、「大学等における環境教育研究機能の強化を促進し、もって環境保全に必要な実践的能力を有する人材の育成に資すること」（環境省「環境省インターンシップ」）、「職業意識の啓発、キャリア形成の支援に資するとともに、厚生労働省への理解を深めてもらうこと」（厚生労働省「厚生労働省職場体験実習」）など、教育的な側面も視野に入れた複合的なものに大別することが

できます。また、インターンシップの内容については、各省庁の業務と直結するものが多く見られます。そのため、募集の段階において、大学等における専攻による一定の条件が示される場合もあります。たとえば、「国土交通省（港湾・空港・鉄道分野）での就業体験」の対象者には、土木・建築・機械・電気の専攻であることが求められており、これ以外の分野を専攻している場合には、事前に個別の相談が必要とされています。また、電気を専攻している場合には、鉄道局で就業体験を行うものとされています。

　実施時期・実施期間は、各省庁によってさまざまです。このうち、実施期間については、たとえば、経済産業省が主催する「1day政策立案体験インターンシップ」の1日や、環境省が主催する「環境省サマートライアル」の2日間など、非常に短期のものも、4週間を超える比較的長期のものもあります。これは、各省庁による違いというよりはむしろ、配属される部局による違いであると言えます。それゆえに、各省庁の定める実施要項における期間についての記述の仕方もさまざまです。たとえば、外務省の場合には、「期間は2週間を下限として各課で適宜決める」と期間の下限が示されていますが、環境省の場合には、逆に「原則として半年を超えないもの」と期間の上限が示されています。なお、平成25年度には、文部科学省が、これまでのインターンシップの受け入れに加えて、学期期間中に週1〜2日程度の受け入れを3ヶ月間行う長期インターンシップを試行的に実施しています。

　その他、中央官庁でのインターンシップの主な特徴として、以下の点をあげることができます。

　　○応募に際して大学の推薦を必須としていること
　　○日本国籍を有することが求められること
　　○必要経費については、原則として各自の負担であること
　　○給与、手当などが一切支給されないこと
　　○国家公務員法の規定に準じて服務の遵守や守秘義務などが課せられること
　　○採用選考活動とは一切の関係がないこと

(3) 地方公共団体におけるインターンシップ

　地方公共団体でのインターンシップの推進は、1995 年の地方分権推進法の成立や 2000 年の地方分権一括法の施行など、急速な地方分権化の流れにも強く影響されたものと言えます。すなわち、地方公共団体は、「開かれた県政」、「開かれた市政」といったスローガンのもと、インターンシップの受け入れを積極的に進めてきたのです。それゆえに、今日では、地方公共団体によるインターンシップの受け入れは、一般的なものとなりつつあります。北は北海道から南は沖縄まで、県庁・市（区）役所・町村役場におけるインターンシップの情報は、インターネット上に溢れています。そして、地方自治体でのインターンシップにおいても、中央官庁でのインターンシップと同様、実施の詳細については、各地方公共団体が独自に定める実施要領や覚書に定められています。

　地方公共団体におけるインターンシップの目的には、各地方公共団体のインターンシップに対する考え方が、比較的ストレートに現われているようです。いくつか例を見てみましょう。「学生の皆さんが市役所の仕事を体験することで、その仕組みや流れを理解し、仕事を通じての柔軟な発想を市政に活かすこと」（宮崎県）、「将来の職業として平塚市職員を目指している学生のみなさんに、市役所の業務に対する理解を深めていただくこと」（平塚市）などのように、主として主催者である地方公共団体の側に主体を置くものもあれば、「将来設計に対する自己の価値観や職業観を養うこと」（大和市）、「開かれた市政の一環として、大学生等を対象に、自治体の現場で地方自治について学び、また、進路の選択に向けた職業体験の機会を提供するため」（浜松市）など、純粋に教育的な側面から参加者の側に主体を置くものもあります。さらに、「就業体験の機会を設けることにより、学生等の職業意識の向上及び県政に対する理解の促進を図ること」（千葉県庁）、「群馬県庁での就業体験を通して、学生の職業意識の向上を図るとともに、県行政の仕事の魅力ややりがいを積極的に伝えること」（群馬県）など、労働政策的な側面を強調しているものも見られます。

　インターンシップの内容については、どちらかといえば、一般的・基礎的なものであると言えます。これは、応募に際して、対象職種を土木・建築・

機械・電気・環境検査とする東京都の「理系学生対象プログラム」などの一部を除き、地方公共団体でのインターンシップのほとんどが、専攻を不問としていること、さらには、千葉県や愛媛県、北九州市など、高校生を対象に含む地方公共団体が少なくないこと（大阪市天王寺区では、中学生も対象とされています）、によるものであると考えられます。たとえば、平成24年度に実施された「青森市役所インターンシップ」の場合、受け入れの対象は、部署にかかわらず、すべて「大学生・短期大学生・専門学校生・高校生」とされています。

このような事情から、地方公共団体でのインターンシップは、配属される部署にかかわらず、学校の長期休暇にあたる時期におおむね2週間程度を上限として実施されることが多いようです。たとえば、大学等に在籍中の学生のみを対象とする徳島県の場合、実習の時期は7月～9月、実習の期間は原則5日間とされています。また、高校生以上の生徒学生を対象とする一宮市の場合、実習の時期は概ね7～9月、実習の期間は基本的には1週間程度です。

その他、地方公共団体でのインターンシップの主な特徴として、以下の点をあげることができます。
○学生生徒個人による直接の応募が基本的には認められていないこと
○必要経費については、原則として各自の負担であること
○給与、手当などが一切支給されないこと
○地方公務員法の規定に準じて服務の遵守や守秘義務などが課せられること
○採用選考活動とは一切の関係がないこと

第3節　学校におけるインターンシップ

(1)　インターンシップの場としての学校

インターンシップを広く「学生が自らの専攻、将来のキャリアに関連した就業体験を行うこと」という意味においてとらえるのであれば、教員免許の

取得を目指して実施される教育実習もまた、インターンシップの1つの形態として位置付けることができます。このような解釈の妥当性は、たとえば、文部科学省が実施した「大学等における平成23年度のインターンシップ実施状況について」において、平成20年に公表された同様の調査には見られなかった「教育実習等の特定の資格取得を目的として実施するインターンシップの実施状況」という項目が新たに加えられていることからも明らかにできます。そして、このことは、これまでどちらかと言えば、インターンシップとは異なるものとしてとらえられてきた教育実習を始めとするいわゆる専門実習が、インターンシップとの関連においてとらえられるようになったということ、さらには、専門実習がインターンシップという概念に包括されるものとして位置付けられるようになりつつあることを示唆しています。ここに、学校をインターンシップの場としてとらえることが可能となります。

しかし、このように考えてみると、今日の学校現場で行われているインターンシップは、必ずしも教育実習に限られたものではないことが明らかになります。つまり、今日の学校においては、次の4つの形態において、インターンシップが行われていると見ることができます。

○教員免許の取得を目指す専門実習である教育実習としてのインターンシップ
○各大学等が独自に開講・設定している授業や学校行事等としてのインターンシップ（以下「狭義のインターンシップ」と記すことにします）
○各学校が必要に応じて募集するボランティア活動としてのインターンシップ（以下「学校支援ボランティア」と記すことにします）
○各自治体が主催する教師塾の取り組みとしてのインターンシップ（以下「教師塾」と記すことにします）

それゆえに、ここでは、「教育実習」「狭義のインターンシップ」「学校支援ボランティア」「教師塾」というそれぞれの形態について、詳しく検討を行っていくことにします。

(2) 教育実習

1873年の東京師範学校生による附属小学校での教授法の実施練習が始ま

りとされる教育実習は、前述のとおり、法令によって規定された専門実習としての位置付けをもつものです。それゆえに、教育実習を行うためには、教職課程の認定を受けた大学（課程認定大学）において、教職課程を履修することが不可欠の条件となります。加えて、教職課程の認定を受けた各大学が、独自に定める規程等に示された要件を満たすことも必要とされます。

　教育実習の目的と内容は、通常、教職課程の認定を受けた各大学が独自に設定するミッションや目指す教師像との関連において示されることになります。たとえば、教員養成課程において、「現代の学校教育現場の多様な課題に対応できる豊かな人間性、幅広い教養、知性並びに専門的能力を持ち、子どもを深く理解し、北海道の地域特性を活かした教育実践を創造的に展開する教員を養成する」ことを目的とする北海道教育大学の札幌校で開講されている「教育実習（小学校）Ⅰ」（2013年度）では、「学校現場での教育実習を通して、大学の課程において修得した知識、技能と教育の実際とを有機的に統合させ、教育実践のもつ意味を認識するとともに、教育理論の深化に役立てる。また、教師の職務を体験することによって、自らの教職への適性や進路を考える」ことが、授業の目標として掲げられています。また、授業の内容については、「小学校の学校経営、教師と子ども、地域連携等の実際に触れることによって、小学校教育についての実践的な認識を深め、教師としての意識と力量を高める」と示されています。

　教育実習の実施時期は、教職課程の認定を受けた各大学が独自に定めるものとなっていますが、ほとんどの場合、3年または4年次です。また、実習の期間については、取得を希望する免許種等によって異なりますが、教育職員免許法の定めにもとづき、各学校現場において、少なくとも2週間以上の実習が必要となります。なお、1988年の教育職員免許法の改正によって、教育実習の単位数には、「教育実習に係る事前及び事後の指導」の1単位が含まれることとなっています。

(3) 狭義のインターンシップ

　狭義のインターンシップの普及は、1990年代以降、急速に進展した教員養成制度の見直しと改革の動きを原動力とするものとしてとらえることができ

ます。この過程において、学校における狭義のインターンシップは、教職課程の認定を受けた多くの大学のカリキュラムにおいて、教育実習をはじめとする他の教職関連科目と有機的に関連付けられるようになり、各課程認定大学のミッションや目指す教師像の実現に向けた主要な役割を担うようになったのです。こうしたことから、今日では、狭義のインターンシップについて、教育課程の単なる1科目としてではなく、岡山大学の「教職実践インターンシップ」のように、教職課程の必修科目として位置づける大学も見られるようになりました。逆に、立命館大学の「学校インターンシップ」のように、必ずしも教職課程の受講を条件とせず、対象を広く設定している大学もあります。

　したがって、狭義のインターンシップの目的・内容については、きわめて多様なものと言えますが、一般的には、幼児児童生徒の発達段階や学校現場の直面する課題の理解や教職に対する意欲の向上、教師としての職務や責任の理解、教育現場で求められる実践的な指導力の育成などを目的とするものとしてとらえることができます。また、主な内容としては、学習支援や特別支援、学校行事やクラブ活動の補助などをあげることができます。

　狭義のインターンシップの実施時期・実習期間については、いずれも、各大学が学則等にもとづいて定めるものですが、実習期間については、大学設置基準において、「実験、実習及び実技については、30時間から45時間までの範囲で大学が定める時間の授業をもつて1単位とする」ことが定められています。

(4) 学校支援ボランティア

　学校支援ボランティアは、1997年に当時の文部省が発表した「教育改革プログラム」において、「学校の教育活動について地域の教育力を生かすため、保護者、地域人材や団体、企業等がボランティアとして学校をサポートする活動」と定義されています。したがって、学校支援ボランティアは、あくまでも学校を主体とするものです。そのため、学校支援ボランティアとしてのインターンシップを行うための条件は、原則として存在しません。それゆえに、学校支援ボランティアは、学校でのインターンシップのもっとも開かれ

た活動としてとらえることができます。

　確かに、学校支援ボランティアは、地域の教育力を活用し、教育活動の充実を図り、地域に開かれた学校づくりを推進することを目的とするものであり、各学校の実情に即して、必要とされることがらを内容とするものに他なりません。しかしながら、ここで語られる「各学校の実情に即して必要とされることがら」が、たとえば、教科やクラブ活動の指導、特別な支援を必要とする児童生徒の支援などを内実とすることから、学校支援ボランティアとしての活動が、学校や児童生徒の実態を把握し、児童生徒、保護者、教員との直接的なかかわりのなかで、主体的・体験的に学ぶための貴重な機会となっていることも事実です。このことから、学校支援ボランティアの目的は、学校の地域に開かれた学校づくりの推進と参加者の自己実現や自己成長を趣旨とする包括的なものとしてとらえることができるのです。

　それゆえに、学校支援ボランティアの実施時期・実施期間は、原則として、各学校がその実情に応じて定めるものと言えますが、実際には、随時募集を行っている学校も少なくありません。実施期間は、学校行事の引率の補助など1日以内のものから、絵本の読み聞かせやクラブ活動の指導など年間を通して活動するものまで、さまざまです。

(5)　教師塾

　2004年に東京都教育委員会がわが国ではじめての教師塾を開設して以降、全国的な広がりを見せる教師塾は、団塊の世代の大量退職とこれに伴う若手教員の増加などを主な背景として、各自治体が、養成段階から教職志望者の資質・能力の向上を図るための取り組みとして設置・運営するものです。それゆえに、教師塾の入塾には、教職課程を履修中であることや当該自治体の教員を志望していることなど、一定の条件が課せられる場合が多くなっています。その反面、対象については、既卒者を含むものとしているところもあります。また、東京都や神奈川県、京都府などの一部の教師塾では、卒塾（あるいは卒塾時の成績評価）と採用とが直結しており、設置母体となる自治体の採用試験の一部免除や卒塾生を対象とする別枠の試験が実施されています。さらに、ほぼ全ての教師塾が、受講料を徴収しています。金額としては、

京都市の京都教師塾や堺市の堺・教師ゆめ塾など、1万円程度のものから、東京都の東京教師養成塾の20万円近いもの（ただし、東京都の教員として採用されれば免除となる）まで、さまざまです。

教師塾の目的や内容については、設置・運営の母体となる各自治体の教育理念にもとづいて示されることになりますが、基本的には、教育現場において、即戦力となる人材の育成が目的とされます。それゆえに、教師塾では、学校現場で必要な児童・生徒理解、知識や技能など教師としての資質能力の向上にかかわることがらや教育の現状や母体となる自治体等の特色にかかわることがらが主な内容とされています。

また、教師塾でのインターンシップは、あくまでも大学等における学びを前提とするものであることから、実施時期については、ほとんどの場合、3年または4年次となっています。実施期間については、数か月から1年程度としている教師塾が多いようです。

第4節　医療機関におけるインターンシップ

(1)　医療機関におけるインターンシップの基本的性格

医院、病院、診療所、助産所、調剤薬局など、医療法によって定められた医療提供施設を意味する医療機関でのインターンシップは、基本的には、高度な専門的知識・技能を習得するためのものとしてとらえることができます。これは、医療機関が、人間の生命や健康と直結するという性格をもつことによるところが大きいからです。それゆえに、医療機関でのインターンシップを行うためには、きわめて厳しい条件をクリアーすることが求められます。すなわち、医療機関におけるインターンシップでは、高度な専門的知識・技能を習得するための前提となる基礎的な知識・技能や職業に対する使命感や倫理観などが、他のインターンシップと比べて、より高いレベルで求められることになるのです。この意味で、医療機関でのインターンシップは、もっとも閉ざされたものであると言えるでしょう。

このことは、大学における学びとの関係にも現われています。つまり、一

般的なインターンシップにおける学びが、どちらかと言えば「並列的」なものとしてとらえられるのに対して、医療機関におけるインターンシップにおける学びは、いわば「重層的」なものとしてとらえられるものとなります。実際、医学部と歯学部の学生については、実際の医療に触れるはじめての機会となる「臨床実習」の開始前までに到達しておくべき態度・技能・知識のレベルが「モデル・コア・カリキュラム─教育内容ガイドライン─」として、それぞれ提示されています。さらに、臨床実習を行うために必要な能力と適性について、一定の水準を確保することを目的とする全国共通の標準評価試験（共用試験）も実施されています。これらのことは、医療機関におけるインターンシップが、重層的な構造のもとに展開されていることを端的に現わすものとして理解することができます。

　そもそも、就業体験の意味をもつ「インターンシップ」ということばの直接の語源は、医師のインターンということばであるとされます（注５）。医師のインターンの制度は、法律的な位置付けが不明確であったことなどから1968年に廃止されましたが、その本質的な意味において、医療機関におけるインターンシップを、今日の企業等におけるインターンシップの原点としてとらえることもできるでしょう。しかしながら、医療機関には、医師・歯科医師をはじめ、看護師や薬剤師、さらには栄養士や技師など、さまざまな職種の人びとが従事しています。それゆえに、医療機関におけるインターンシップのあり方はきわめて多様なものとなっていますが、ここでは、医療機関におけるインターンシップの性格が比較的顕著に現われていると思われる看護師という職種を取り上げ、看護師の臨地実習と病院でのインターンシップについて詳しく見ていくことにします。

(2)　看護師の臨地実習

　看護師の免許を取得するためには、医師（歯科医師）などと同じく、大学等において法律で定められている必要な教育を受け、国家試験に合格しなければなりません。ここで語られている「法律で定められている必要な教育」については、看護師の場合、文部科学省・厚生労働省令「保健師助産師看護師学校養成所指定規則」において規定されています。すなわち、看護師の免

許の取得を目指して、大学の附属病院やその他のさまざまな医療・保健に関連した施設で行われる臨地実習もまた、前節の教育実習と同じく、法令で規定された専門実習なのです。

「看護職者が行う実践の中に学生が身を置き、看護職者の立場でケアを行うこと」とされる臨地実習の目的を一言で言えば、「看護実践能力」の向上ということになります。それは、言い換えれば、「学内で学んだ知識・技術・態度の統合を図りつつ、看護方法を習得する」こと、すなわち、「看護の方法について、『知る』『わかる』段階から『使う』『実践できる』段階に到達させる」ことを主眼とするものであると言うことができます。それゆえに、たとえば、新見公立大学看護学部看護学科の「臨地実習要綱」には、臨地実習の目的が、「健康レベルの諸段階にある人々に対し、看護を展開できる能力と態度を養い、また、自己の看護観を発展させる」ことであると示されています。

臨地実習の内容については、「看護基礎教育における技術教育のあり方に関する検討会」の示した「臨地実習において看護学生に許容される基本的な看護技術（案）」を1つの指針としてとらえることができます。ここには、環境調整技術、食事援助技術、呼吸・循環を整える技術、与薬の技術、症状・生体機能管理技術など合計13の技術が、「教員や看護師の助言・指導により学生が単独で実施できるもの」（水準1）、「教員や看護師の指導・監視のもとで実施できるもの」（水準2）、「原則として看護師や医師の実施を見学するもの」（水準3）のそれぞれにおいて、具体的に示されています。

臨地実習の実施時期については、各大学が独自に定めるものとなっていますが、2002年に報告された看護学教育の在り方に関する検討会の「大学における看護実践能力の育成の充実に向けて」では、臨地での学習を早期の学年から組み込む工夫が必要であると述べられています。なお、臨地実習の期間は、「保健師助産師看護師学校養成所指定規則」において、23単位（1,035時間）とされています。これは、看護師免許の取得にかかわる卒業必修単位数93単位（2,895時間）において、単位数としては約4分の1、時間数としては3分の1以上という非常に大きな割合を占めるものです。それゆえに臨地実習は、基本的には、学年ごとなど段階を追って行われています。

(3) 病院におけるインターンシップ

　看護学生を主な対象とする病院でのインターンシップは、就職との関連が非常に深く、この点において、臨地実習とは明確に区別することができます。このことは、病院でのインターンシップが、大学等を主体として行われるものではなく、あくまでも、受け入れ先である個々の病院を主体として行なわれていることによるものです。すなわち、病院でのインターンシップでは、看護学生が自らのキャリアプランや就職後のイメージを抱くための機会を提供するという側面以上に、高い離職率とこれにともなう慢性的な看護師不足を主要な背景とした各病院の人材の確保という側面に重点が置かれていると理解することができます（注6）。

　したがって、病院でのインターンシップの目的は、広い意味において、個々の病院を知ることにあると言うことができます。たとえば、川崎市の日本鋼管病院の場合、「学生の皆様に当院の機能やナースの役割を知って頂き、就職の選択に役立て頂くことを目的として」インターンシップが実施されています。このように、病院でのインターンシップでは、主に就職先を検討中の看護学生に対して、個々の病院のもつ特色や勤務の実態をより具体的に伝えることが目指されています。そのため、病院でのインターンシップでは、看護実践の見学など対象者の医療技術の向上に資することがらに加えて、臨地実習では体験することのできない夜間業務の体験や先輩看護師や医師との交流会・懇談会、意見交換・質疑応答などが内容に含まれることがほとんどです。このことは、病院でのインターンシップを通して、対象者が就職後の仕事と職場のイメージをより明確なものとし、自分に適した職場であるかを判断することによって、いわゆる雇用のミスマッチを防ぐ働きをもつものとしてとらえることができます。

　それゆえに、病院でのインターンシップの実施時期については、随時とするところも多く、病院によっては、休日や夜間の受け入れも行っています。これは、病院でのインターンシップの期間が、0.5〜2日程度と比較的短いことにも関連しています。報酬・交通費・宿泊代などについての取り扱いは、病院によってさまざまです。

第5節　各種団体（財団・社団法人、NPO等）におけるインターンシップ

(1)　財団・社団法人、NPOと会社の違い

　各種団体ということばをどのようにとらえるかはさまざまですが、NPOについては、特定非営利活動促進法に基づき法人格を取得したものに限定し、これを法人としてとらえるのであれば、財団・社団法人、NPOという法人を意味するものとしての「各種団体」の位置付けや性格は、「会社」ということばとの比較において、明瞭なものとなります。これは、端的に言えば、法人の種類の違いによるものです。わが国には、法律で定められたさまざまな種類の法人がありますが、これらは、通常「公法人」と「私法人」とに区分されます。この段階においては、「会社」と「各種団体」は、ともに「私法人」とされます。しかしながら、「私法人」について、さらに細かく、「営利法人」と「非営利公益法人」（広義の公益法人）とに区分することによって、「会社」と「各種団体」との違いが明らかになるのです。すなわち、「会社」が、営利を目的とし、その利益を分配することのできる「営利法人」として位置付けられるのに対して、「各種団体」は、公益を目的とし、その利益を分配することのできない「非営利公益法人」としての位置付けをもつのです。

　それゆえに、財団・社団法人とNPOについては、学校法人や宗教法人、社会福祉法人などと同じく、不特定多数の利益や社会一般の利益を目的とした法人としての性格をもつものとしてとらえることができます。したがって、設立の趣旨や活動の内容など基礎的・基本的なものについては、財団・社団法人とNPOの間に、大きな違いは見られません。こうしたことから、「各種団体」におけるインターンシップは、たとえば、企業におけるインターンシップとの比較において、どちらかと言えば、ボランティア的な色彩が強く、官公庁におけるインターンシップに近い性格をもつものであると理解することができます。

　ところで、財団・社団法人とNPOについては、活動内容の制限、情報公開の義務、正社員となることの制限、税制などの点において、その相違を見

ることができます。つまり、財団・社団法人が、活動の制限や情報公開の義務を負わず、正社員となることの制限を加えることができるのに対して、NPOは、活動の制限や情報公開の義務を負い、正社員となることの制限を加えることができないのです。また、財団・社団法人とNPOについては、別の観点において、それぞれ、行政庁の認定を受けているもの（「公益社団法人・公益財団法人」、「認定NPO法人」）と、行政庁の認定を受けていないもの（「一般社団法人・一般財団法人」、「NPO法人」）とに区分することができますが、この点については、主に税制上の優遇措置にかかわるものであり、その性格を明確に区別したり特徴付けたりするものではないことから、ここでは問題とせず、以下、財団・社団法人とNPO法人という2つの区分において、見ていくことにします。

(2) 財団・社団法人におけるインターンシップ

公益法人協会のまとめたところによると、2013年4月現在、一般法人（「一般社団法人・一般財団法人」）の数は33,029、公益法人（「公益社団法人・公益財団法人」）の数は8,243とされます。これは、同じ時期の国内の上場企業数の10倍以上にあたるものです。このことからも、財団・社団法人でのインターンシップが、きわめて多様なものとして、実施されていることを伺い知ることができるでしょう。実際、財団・社団法人でのインターンシップは、全国的な規模で、さまざまな対象・領域・分野において展開されています。たとえば、公益財団法人滋賀県陶芸の森の「インターンシップ・レジデンス体験」では、陶芸科専攻の課程の在籍者や修了者などを対象として、「やきもの制作における技術や知識、および創作に打ち込む姿勢などを学ぶ場としての機能を持つ創作研修館にインターンを受け入れ、創造への知見を広める機会」を提供しています。インターンシップの場所を、海外とするものも少なくありません。たとえば、公益社団法人国際IC日本協会では、「ICの会議の運営をサポートする活動を行い、それを通して物質的な価値を超えた精神活動の大切さ、国を超えた英語でのコミュニケーション・スキル（語学）などを学んでいく機会」として、「インドICセンター・ボランティア＆インターンシップ　プログラム」の提供が行われています。

このように、財団・社団法人でのインターンシップでは、設立の趣旨にもとづく活動への貢献が求められることから、インターンシップの目的・内容についても、各々の財団・社団法人の独自性が強く現われることになります。それだけに、財団・社団法人でのインターンシップでは、語学力や情報機器の操作技能など、特定の分野・領域における専門的な知識や技能が必要とされることも少なくありません。

　財団・社団法人でのインターンシップがこのような性格をもつことから、その実施時期・実施期間についても、きわめて多様ですが、基本的には、各財団・社団法人の活動の状況に応じて、定められています。したがって、実施時期・実施期間ともに、一般的な傾向を導くことは困難ですが、実施期間については、比較的長期にわたるものが多く、6～12か月程度のものも見られます。

(3) NPOにおけるインターンシップ

　「NonProfit Organization」（あるいは「Not for Profit Organization」）の略称である「NPO」ということばは、「非営利組織」「民間非営利組織」などの訳語からも推察することができるように、「さまざまな社会貢献活動を行い、団体の構成員に対し収益を分配することを目的としない団体の総称」を意味しています。内閣府によれば、NPOには、「さまざまな分野（福祉、教育・文化、まちづくり、環境、国際協力など）で、社会の多様化したニーズに応える重要な役割を果たすこと」が期待されています。2013年4月現在、特定非営利活動促進法の規定にもとづいて法人格を取得したNPO法人の数は、47,771と非常に大きなものですが、その発展の契機は、1995年の阪神大震災におけるボランティア団体の活動への注目であったとされます。実際、いわゆるボランティア団体を前身とするNPOも少なくありません。こうしたことから、NPOとボランティアには、共通する点が多く見られます。それゆえに、NPOでは、インターンシップだけでなく、ボランティアの募集を並行して行うことが比較的多いようです。

　また、NPOでのインターンシップの目的・内容については、財団・社団法人でのインターンシップ以上に、その独自性が色濃く現われていることが

多くなっています。たとえば、インターンシップ制度の定着と普及を目的とするNPO法人インターンシップ振興会は、海外のインターンシップを専門としていますが、本格的な「ビジネス・インターン」に加えて、「動物プログラム」、「カルチャープログラム」、「ボランティアプログラム」など、世界各国を活動の舞台とするさまざまなインターン・プログラムを提供しています。また、NPO法人ドットジェイピーでは、「若年投票率の向上」に貢献するというミッションのもと、「大学生が長期休暇の2ヶ月間、議員と行動を共にする事により、議員の仕事・議員の思い、政治と社会のつながりを知る体験学習プログラム」である「議員インターンシップ　プログラム」の提供を行っています。

　したがって、NPOでのインターンシップの実施時期・実施期間は、財団・社団法人でのインターンシップ以上にさまざまです。しかしながら、実施期間については、各財団・社団法人でのインターンシップと同様、比較的長期にわたるものが多く、期間の幅は、きわめて大きなものとなっています。

第6節　おわりに

　これまで見てきたように、官公庁、学校、医療機関、各種団体におけるインターンシップには、それぞれ、企業におけるインターンシップとは異なる固有の性格を見出すことができます。それは、一方において、就業あるいは学問の領域・分野ごとに細分化され、多様化することによって、普及・発展してきたわが国のこれまでのインターンシップのあり方を端的に現わすものと言えるでしょう。しかしながら、それは、他方において、インターンシップの更なる可能性を拓くものとしてとらえることのできるものです。このことは、2013年、体系的なキャリア教育・職業教育の推進に向けたインターンシップの更なる充実に関する調査研究協力者会議が発表した「インターンシップの普及及び質的充実のための推進方策について　意見のとりまとめ」において、「大学改革を含む教育改革の進展に伴い、インターンシップの意義に対する教育上の位置付けにも大きな変化が生じている」ことが指摘されていることからも、明らかにすることができます。すなわち、インターンシッ

プの対象や活動の場の拡大は、これまでのキャリア教育・職業教育という観点に加えて、道徳教育・人間教育という観点においても、インターンシップがきわめて重要な意義をもつようになったことを意味するものとしてとらえることができるのです（注7）。

　それゆえに、このとりまとめにおいては、「多様な形態のインターンシップをその目的に合わせて柔軟に取り入れながら、できるだけ多くのインターンシップの機会を提供していくこと」の重要性や「従来、インターンシップの範疇と捉えられていなかった活動についても、インターンシップと同等の効果を発揮すると認められる取組については、これを積極的に評価し、包括的に把握し推進していくこと」の必要性についても言及されています。また、一定の期間、地域のニーズ等を踏まえた社会奉仕活動を体験するサービス・ラーニングについても、「インターンシップと同様に意義のある取組」であると評価しています。

　インターンシップには、確かに、キャリア教育・職業教育としての意義があります。そして、個々のキャリアや職業において、いわば専門的に求められることがらもあるでしょう。しかしながら、このような観点からのみ、インターンシップをとらえようとするのであれば、その多様化・細分化は、ますます進展せざるをえないものとなります。それだけに、これからは、インターンシップをより包括的な観点からとらえる必要があるのではないでしょうか。実際、どのようなキャリアや職業であっても、共通して求められることがらがあるはずです。たとえば、職業観や勤労観、公徳心、さらには、集団における自己の役割を全うするための責任感や協調性などは、その代表的なことがらであると言えるでしょう。そしてこれらは、すべて、社会の一員としての人間の生き方や幸福と密接に関わるものです。

　ここに、インターンシップの道徳教育・人間教育としての新たな可能性を見出すことができます。それは、まさに専門的・個別的なものとして多様化しているインターンシップをより一般的・包括的な視点からとらえることに他なりません。このようなとらえ方によってはじめて、インターンシップは、より広く深い意義をもつものとして位置付けられ、定義付けられることになるはずです。なぜならば、このようなとらえ方によって、インターンシップ

は、各学校段階における連続的な活動であると同時に、あらゆるキャリアと職業に関連付けられた人間の成長において不可欠な活動として、理解されるようになるからです。

インターンシップの更なる充実と発展に寄与する具体的な課題は散見されますが、その検討については、今後の課題にしたいと思います。

注1：たとえば、山﨑英則編著『教育実習完全ガイド』（2008年）では、教育実習の意義について、「インターンシップとしての教育実習」という項目が設けられ、説明されています。
注2：詳細は、「大学等における平成19年度インターンシップ実施状況調査について」（文部科学省）を参照してください。
注3：日本インターンシップ学会10周年記念事業ワーキング・グループ編『「日本インターンシップ学会」～10年の記録～』（2011年）
注4：人事院の「中央省庁インターンシップ情報」
（http://www.jinji.go.jp/saiyo/internship-dokuji.pdf 20141122 最終閲覧）によります。また、ここには記載されていませんが、復興庁も平成26年度のインターンシップの募集を行っています。
注5：古閑博美編著『インターンシップ―職業教育の理論と実践―』（学文社、2006）
注6：日本看護協会政策企画部編「看護教育基礎 調査」（2006年）によれば、病院勤務の新卒看護職員の入職後1年以内の離職率は、9.3％にも達するものであるとされています。
注7：キャリア教育と道徳教育が密接な関連をもつものであるということは、西野真由美「高等学校における道徳教育とキャリア教育―総合的アプローチの可能性―」（2012年）など、すでに多くの先行研究によって指摘されています。

実践編

> インターンシップの事前事後が
> 就職活動力を高める

第7章　インターンシップの前に　　　　　　　　　古閑博美
第8章　インターンシップの後で　　　　　　　　　古閑博美
第9章　よい会社の選び方、就職活動力の高め方　　横山皓一

第7章 インターンシップの前に

古閑博美

第1節 「自分」と向き合い学生生活を向上させる

　インターンシップを「学校教育と職業生活との接続をはかる旅」と位置付ければ、インターンシップに参加する学生は、職業人に必要な知識やスキル、行動のしかた、態度等のありようを身に付ける旅に出るようなものです。社会で自分を試すこの機会を通じて、情報収集と活用、必要な知識やスキルの習得と実践、価値観の見直しなどをしましょう。そして、旅には準備が不可欠です。インターンシップは、就職活動や仕事に活かす経験として活用できますが、心構えを含む事前の準備のいかんにより成否が決まります。

　第1章で見たように、グローバル人材の育成は、高等教育機関の喫緊の要事となりました。筆者はさらに「魅力人材」の育成を提唱しています(注1)。魅力人材とは、信義に厚く、教養や美徳を兼ね備えており、グローバル人材に負けず劣らず必要です。

　魅力人材とは具体的には次のような人です。
○世のため人のため大義のために身を投げ出す気持ちがある。
○責任感や倫理観がある。
○想像力があり相手を慮る能力がある。
○コミュニケーション能力と豊かな感性がある。
○礼儀作法を心得、適切な敬意表現ができる。

　社会の問題に目を背けることなく、解決を志向し、知恵を絞り適切な判断にもとづき行動する。そうした人材の育成は、キャンパスのなかだけでは達成できないとの危機感が、今日のキャリア教育へとつながっています。人材育成競争が熾烈を増すなか、大学は「社会の構成員」としての自覚のない者を社会に送り出せるでしょうか？　答えは「否」です。インターンシップは、

具体的な能力開発に結び付けることを意図した場で、そこでは知的好奇心の発揮が要請されます。そのための準備としては、事前の学習で自分と向き合い、学生であることのメリットを把握することからはじめることが肝要です。

(1) 「自律」と「自立」を身に付ける

あなたは、学生であることの意味を考えたことがあるでしょうか？　かつて学生は、社会通念上ではすでに「おとな」とみなされました。ほかにも、成人した人や社会の裏表が少しずつわかりかけてきた人も「おとな」と呼ばれましたが、一方で、こうした「おとな」に至らない者は「半人前」とみなされたのです。

今日、おとなになりたくない、できれば先送りしたいと思う学生が増え、その思いのままの幼稚な振る舞いや思慮に欠けた行動が散見され社会問題となっています。学生にとって大学に在籍するメリットは、端的に言えば、社会に対して「学生」として自己紹介できることです。今日の大学は、学問研究の場だけではなく、スポーツ振興、文芸作品等制作、アミューズメント、モラトリアム、リハビリテーションの場だとも言われています。大学という知的環境で、自分とどのように向き合うかは自分次第です。

日本は、2人に1人が大学に進学するユニバーサル・アクセス型の社会となり、知の大衆化は進みましたが、それは社会が期待する知的大衆の増加と一致しているのでしょうか。大学での時間を無為に過ごす学生の増加を指摘する声があります。知的環境に属しながら、その特性を生かし切れない学生が増え、学修の中身が問われる等の事態が生じていることは由々しき問題であり、社会にとって損失です。実社会では、経済的にも精神的にも自立すること、そして自律的な態度が1人ひとりに要請されます。大学が、学生に自律性と自立的生き方を身に付けることを教育目標の1つとしているのは、一人前の「社会の構成員」に育てて社会に送り出す使命があるからです。

(2) 学生生活の有効活用

ユニバーサル・アクセス型の社会となり、大学進学が特別なことではなくなった今日、学生が「学生」であることを活用しないのは、自ら損失を招い

ているようなものです。コストパフォーマンスやキャリアの付加価値の点から見ても、先見性がないと言えるほどです。学生は、大学での在籍期間を有効活用することで、よりよい人材へと成長を期すことができます。

　職場で印象のよい人の条件をほかにも考えてみましょう。10項目あげてみました。あなたは、いくつ当てはまりますか。
　○適切な挨拶ができる。
　○注意に謙虚に耳を傾け、態度等改善する。
　○明るく元気である。
　○失敗をいち早く報告し、言い訳がましい態度を取らない。
　○時間を守る。
　○素直に教えや助言を乞う。
　○言葉遣いが丁寧である。
　○職場や他人の悪口を言わない。
　○情報管理が適切である。
　○態度に裏表がない。

　対自己、対人、対社会と向き合う力の育成は、たやすいとは言えません。知的好奇心が旺盛な積極性や、自制心、調整能力、大所高所から物事を考える力というものは、すぐに身に付くものではないからです。TPO（Time, Place, Occasion：時、所、場合）に適した挨拶、ルールやマナー、ドレスコードをわきまえ、感じのよいことば遣いで会話し、他人に配慮するなどの能力もまた、いかんなく発揮するためには、日々の実践の積み重ねがものを言います。

　学生のキャリア形成の可能性は、大学の知的・教育的環境から得られる恩恵を自覚的に受け止めて、十分に活用することで広がります。キャリアプランは1年次から作成し、その都度修正を加えながらキャリア形成を計ります。キャリア形成に必要な「前向きに取り組む力」は、自分ならどうすると工夫し、困難のなかに楽しみを見つけ、粘り強く取り組む姿勢を放棄しないことで身に付きます。キャリア形成はキャリア開発と不可分と言え、学生時代をどのように過ごすかは、学生にとって挑戦しがいのある課題となるでしょう。

(3) キャリア開発に必要な自己啓発

　大学はもとより社会のさまざまな機関は、キャリア支援の観点から学生を支援しています。では、学生自身がキャリア開発に必要とするものは何でしょう。それは自己啓発です。キャリアということばには「経歴」や「生活手段」という意味がありますが、キャリア教育の現場では、仕事とかかわりながら生きていく「行程」を指して使うことがあります。

　人間は歴史的に、生活者や生産者として働くことを重視してきました。働くこととは生きて活動することであり、収入を得て生活の活性化を計ることです。それは生きがいでもあり、他人や自然との「かかわり」も生まれます。仕事の選択肢は増えましたが、見通しもないままにどのような職に就くか、なぜこの仕事を選択するかなどに時間を費やし、「下手の考え休むに似たり」になってはいないでしょうか。行動しないで思い悩むばかりの人に進展は見込めません。自分の手足を使ってこそ、能力・キャリア開発につながるのです。

　あなたは自分の人生を輝かせたいですか？　価値あるものにしたいですか？　キャリア研究者として著名なサニー・ハンセンは、「人生は4つのLがバランスよく組み合わされてこそ意味がある」（『総合的人生設計』）と言っています。4つのLとは、「Labor（仕事）、Learning（学習）、Leisure（余暇）、Love（愛）」です。バランスは大事ですが、人生には優先順位を問われることがあります。

　生活のあらゆる場面では、「あと・さき」「あれ・これ」などの判断を迫られ、自分で決めた優先順位のもと「する・しない」を実行しています。判断を自分以外の人に委ねて成功したこともあれば、自己判断が間違っていても満足感を得た経験をしたこともあるでしょう。判断の誤りは誰にもあります。それでも自己を肯定的に捉えることが前向きな態度です。追求力、判断力、洞察力、行動力などは独立した力ではなく、その人の総合力です。独創性や創造性、大局的に物事を見通す力を養うために何をすればよいか、インターンシップの経験をもとに考察を深めていきましょう。

(4) エントリーシートの書き方

　履歴書やエントリーシートは、学生時代の記録を見知らぬ人に伝えるための自己紹介書です。常に最新情報を記載します。手書きを指示する企業もあります。読む人の立場に立ってていねいに作成し、形式の不備や誤字脱字の有無、用紙が折れたり汚れたりしていないかも確認しましょう。

　手書きの場合、次の点に注意が必要です。必ず下書きをし、内容を確認してから提出用の用紙に向かう習慣を付けましょう。

○文字の大きさをそろえる。
○欄内にまっすぐに書く。
○鉛筆で書いた文字を上からなぞらない（鉛筆は下書き）。
○黒か青のペンまたはボールペンを使用する。
○マンガ文字や癖字は避ける。
○欄の容量に合わせて書く。
○筆圧は一定にする。
○応募者本人が書く（自筆が基本）。
○必要な個所に押印する（浸透印は避ける）。
○提出書類はコピーし、手元に保管する。

　文体は、「である・だ」調（常体）より「です・ます」調（敬体）で書くのが一般的な傾向と言えます。文書は、文字によるコミュニケーションであることに注意しましょう。

　文章は簡潔を旨とし、文脈を整えます。学歴、職歴、賞罰の欄すべてに記入します。在学生は「卒業見込み」とし、賞罰がない場合は「なし」、最後は「以上」でくくります。作成日、生年月日、学歴・職歴・賞罰欄など書類の日付は原則として全て元号（和暦）を用いますが、外資系企業等では西暦が一般的です。「満年齢」は、作成時点の年齢を記します。

　資格・免許は、取得年月、主催団体、資格の正式名称、級を記入します。たとえば「平成○年８月　○○県公安委員会　普通運転免許」「平成○年10月　日本商工会議所　簿記検定二級」などです。

　自己紹介書では、「青春の炎」の熱意が感じられるよう次のポイントを意識しましょう。

○企業に自分を売り込むのが目的であるため、その企業が望む姿に近い自分を強調する。
○具体例をあげ、相手が興味・関心を抱く内容にする。
○自己PRが目的であり、短所より長所をアピールする。

(5) 学生生活とキャリアプラン

　試験に合格し、大学生活を勝ち取った人は、やはり恵まれた人びとです。そのためか在学中のコスト意識や時間意識は得てして薄れがちで、卒業を迎えた学生たちは口を揃えて「4年間はあっという間でした」と言います。しかし、大学在学中、学期期間と短期長期の休暇をいかに活用するかはキャリア形成の重要な鍵となります。免許や資格の取得、検定合格などを目指すだけでなく、見聞を広めたり、教養を深めたりする機会を積極的に求め、かつそうした態度を意識して形成しましょう。そのためにも大学を利用しない手はありません。セメスター制（年度を2分割した学期制）の表を使い、大学時代の過ごし方を記入してみてください。その気になれば、3年次までに96％の単位を取得できることに気付いているでしょうか？　例を参考に、キャリアプランをより具体的に練ってみましょう。

　各学年に共通する取り組みには次のようなものがあります。
○学修活動：3年次までの各セメスターで18〜24単位を取得し、4年次は卒業論文等（4〜8単位）のみとする。
○学友会・クラブ組織活動：世界的レベルの活動から同好会、サークル活動まで組織や団体に所属し、技術や社会性などを身に付ける。
○ボランティア、地域・社会活動：奉仕・社会活動を行い、視野や人脈を広げる。
○その他：アルバイトは学業優先とする。留学生は、滞在要件を厳守することが勉学継続の条件となる。

　そのなかで、個々の学生に取り組んでほしいのは次のようなことです。
○資格取得、検定合格（できれば2級以上）対策。
○インターンシップ（学内外／国内外）。
○QOL（Quality Of Life）を意識し、教養講座への参加や趣味など生活

■例　大学時代の過ごし方（卒業に必要な単位数 124）

	1年次	2年次	3年次	4年次
春学期	初年次教育 ※大学に慣れる ※"学生"を意識した行動習慣をつける ・友達を作る ・自分史作りを意識⇒ ※エントリーシートや履歴書の記載事項を視野に入れる	2年次教育 ※学内外で多くのことに挑戦する ※2年次の生活行動が重要である	3年次教育 ※就職活動等進路を具体的に模索する ※学習と経験による知識を増やし、深化させる	4年次教育 ※大学生活の集大成とする ※卒業年次を強く意識し、大学院進学、就職等進路を決定する ・就職活動→内内定 ・インターンシップ
夏期休暇	※有効に過ごす ・車の免許取得（卒業までに）	※有効に過ごす ・インターンシップ（海外・国内）	※有効に過ごす ・インターンシップ（海外・国内）	※有効に過ごす ・就職活動 ・インターンシップ（海外・国内）
秋学期	・通学生活に戻る ・学業とアルバイト等との両立	・簿記や語学、ビジネス、時事対策等各種資格・検定受験	・簿記や語学、ビジネス、時事対策等各種資格・検定受験 ・学友会活動引退 ・就職活動準備	・就職活動→内定 ・卒論完成 ・インターンシップ
春期休暇	※有効に過ごす	※有効に過ごす	※有効に過ごす ・就職活動準備（3月解禁）	・有効に過ごす ・卒業旅行

■記入用　大学時代の過ごし方（卒業に必要な単位数 124）

	1年次	2年次	3年次	4年次
春学期				
夏期休暇				
秋学期				
春期休暇				

を豊かにすることを心がける。

　学生時代を充実させるイメージがわきましたか？　しかし、ものごとは計画通り、期待通りに進むとは限りません。内定を得たからといって手放しで喜んではいられません。内定取り消しもあります。世の中は厳しく、先を読む力やそのときどう動くかを判断し、行動する力が必須となります。

(6) 企業が求める必須スキル

　企業は、良識や礼儀作法を身に付けたコミュニケーション力のある人材を求めています。コミュニケーション力は社会人のイロハ（基礎力）だからです。企業が求める能力の上位に、ホスピタリティ産業では、1位が「対人コミュニケーション力」、2位が「積極性」、3位が「仕事への意欲」などがあり、あるいはまた、1位「コミュニケーション能力」、2位「主体性」、3位「チャレンジ精神」、4位「協調性」などがあがっています（「新卒採用（2014年4月入社対象）に関するアンケート調査」日本経済団体連合会、2014）。やる気やチームワーク力などを重視するもので、近年、多くの調査が同様の結果を示しています。筆者が代表の研究会が2007年に調査した魅力行動に関する資料によれば、学生が不安に思っている点には以下のようなものがありました。それぞれに研究し、深めてほしい点を→で示しました。

　〇態度（表情・立居振舞い・外見）→礼節
　〇コミュニケーション（人間関係・チームワーク）→社交
　〇ことば遣い（敬語・接遇用語・話し方）→伝わる話し方
　〇マナー・エチケット（礼儀作法・公衆道徳）→品性
　〇健康（笑顔・体力・食事）→バランス
　〇文書（ビジネス・儀礼・メール・IT）→文書作法
　〇時間（スケジュール・管理・公私）→習慣
　〇失敗（事例・体験・対処）→三省（幾たびとなく自分を振り返る）
　〇身だしなみ（服装・化粧・持ち物）→ドレスコード
　〇教養（知識、常識、学力）→思いやり
　さらに次のことを意識化しましょう。
　〇時間・日程・健康・情報管理→自己管理力

○行動力・集中力・傾聴力・思いやり→魅力行動力
○文章作成・要約・手紙・メール→リテラシー能力

　学生に期待されている能力は決して特別なものではなく、学士力や他者を尊長する態度などです。また、学力や気力、心力は、体力と不可分で、忍耐し反復を継続的に行う意志の強さが必要です。学生は、知的な取り組みから離れることなく、よい習慣を身に付けたいものです。

(7) コミュニケーションスキルを向上させる

　コミュニケーションは、スキルとしても注目されています。コミュニケーションと言うと話す力が重視されがちですが、あながちそうとは言えません。コミュニケーションは端的に言えば、情報のやり取りを意味し、大別するとバーバル（言語）コミュニケーションとノンバーバル（非言語）コミュニケーションがあります。日常のコミュニケーションの手段は次のように分類されます。

○バーバル（言語）コミュニケーション
・音声言語（話し言葉）
・文章言語（書き言葉）
○ノンバーバル（非言語）コミュニケーション
・視線
・表情
・ジェスチャー
・周辺言語（声の質、音量、速度、間、口調、抑揚、息）

　傾聴の態度、笑顔、服装のセンスなど見た目の印象のよさは「感じのよさ」に通じます。傾聴は、一般的な定義では「相手の話を相手の立場に立ってじっくり聞くこと」ですが、ビジネスでは「積極的に相手に働きかけることによって、相手の話を充実させ、相手から自分の得たい情報を聞き出したり、相手の真意をつかみとったりする」態度を言います。こうしたノンバーバルコミュニケーションの割合はコミュニケーション全体の85％を占めると言われています。他人と交流する際に、人は自然と親疎の距離をはかっており、第一印象の影響が無視できません。「感じのよさ」は漠然としている

ようで、人のもつセンサーによって捉えられるものです。

　コミュニケーションは情報のやりとりであると述べましたが、目的達成、意志の疎通、生産性の向上、自己主張、他人との交流、身辺保護、安全の確保などに不可欠です。その手段には、「直接話法」「間接話法」「媒体」があります。わかりやすく伝える力や聞く力が向上すると、集中力や問題意識が高まり、思いやり、やる気、積極性などのほか、内省的な力が付きます。見えない「気」を見える「力」に変える力さえ湧いてくると言えるほどです。

(8) 謙譲語の活用

　孔子の言行を伝える『論語』には、当時の貴族の必修教養は「礼楽射御書数」の六芸（6種の技芸）であったと記されています。「御」は馬車を駆ることです。現代に照らし合わせて言えば、礼儀、音楽（芸術）、スポーツ、運転、読み書き、算数（自然科学）となります。礼節、教養、体力、思いやり等を身に付け、この先長い社会人・職業人生活を支える力としたいものです。

　社会で通用する礼儀は、大学生活のなかで身に付けましょう。多様な国籍や人種が行き交うキャンパスという社会で、人間関係を円滑に取り結び、調整する力を付ければ、社会や職場においてもその力はそのまま有効です。どんな社会でも礼儀の極意は、「親しんで狎れず」（一定の距離を置き、その距離を礼節でうめる方法）であり「親しき仲にも礼儀あり」と言えます。

　相手への礼儀を示すうえで、敬語、なかでも次の6つの謙譲語「伺う・参る・頂く・おる・致す・申す」を使いこなす力を付けましょう。これは、アナウンサーの石平光男氏が、それぞれの頭文字を取り「うまいおいも」として提唱しているものです。

　　○伺う（聞く、尋ねる、問う、訪問する）……明日伺います。お伺いしたいことがございます。会社に伺ってもよろしいでしょうか。
　　○参る（行く）……ただいま参ります。ご一緒に参ります。確認して参りました。
　　○頂く（～してもらう、飲む、食う、買い受ける）……お先に頂きます。資料を頂きました。ご覧頂きたく存じます。高価に頂きます。
　　○おる（いる）……部室におります。警報が鳴っておりました。見ておら

れますか。
○致す（する）……お願い致します。私が致します。お伺い致します。
○申す（言う、告げる、する）……お願い申し上げます。父が申しました。近くまでお送り申します。お力添えに感謝申し上げます。

(9) 仕事に不可欠な信頼関係

　古来、人々は円滑な人間関係の維持に腐心してきました。礼儀は、社会の人間関係の縦軸と横軸に配慮する知恵であり、礼儀作法を身に付けることは、粗相や齟齬を回避できるだけでなく、礼節のある態度は相手に好印象を与え、人間関係を強固にします。信頼関係は仕事に不可欠です。他人から信頼を得たいと思うなら、次のことを実践しましょう。

○TPO（時・場所・場合、または時・所・相手）を踏まえ、身だしなみを整える習慣を付ける。……TPOをわきまえない行動は、誤解や思わぬ文化摩擦を生むことがある。ドレスコードの知識、着帽・脱帽の判断など適切に行う。

○何事も「5W1H（What, Why, Who, Where, When, How）＋How many, How much」に整理し、もれなく情報を確認する習慣を付ける。……順序立てて考える力が付き、相手にわかりやすく話すことができる。

○仕事（作業）は、PDCA（Plan → Do → Check → Action）サイクルを活用する。……仕事は、「計画立案→実行・実施→結果の検討→処置と整理（うまくいったことは標準化する）」を常に意識し、取り組む。

○「報告・連絡・相談・伝達・説明（ホウ・レン・ソウ・デン・セツ）」を確実に実行する。……その際、前出の5W1(3)Hに則って確認するとよい。異常がないときには「異常なし」と報告する。インターンシップ期間中、企業に損失・損害等を与えた場合、直ちに大学を含む関係各所・各位に報告、連絡、相談、伝達を行い、説明義務や責任を果たす。

　企業は、礼節を欠いた学生の言動を決して見逃しません。これまでに、インターンシップに参加した学生によって実際に発生したトラブルには、遅刻や無断欠勤、注意されてキレた、職場にTシャツで行った、歓迎会に派手な服装で参加した、未成年者の飲酒などがあります。

⑽　学生時代からスマート・エイジングを意識する

　知的大衆の一翼を担う社会人の１人として、学生時代にその自覚をもつことが重要です。知的大衆とは、健やかな生活を志向し、そのノウハウを学び、生活に取り入れ実践する人びとです。東北大学加齢医学研究所の川島隆太教授は「スマート・エイジング」を提唱しています（『カーブスマガジン』2014 Spring Vol. 27、カーブスジャパン、2014年）。「スマート・エイジング」とは、「エイジング（加齢）による経年変化に賢く対処し、個人・社会が知的に成熟すること」と定義されています。そして、個人・社会が知的に成熟していくためには、個々人が生涯にわたり社会と関わりを持ち続けることが重要だと考え、その実現には、次のような点が大切だとされています。

　〇社会性（孤立せずに人と積極的にかかわる習慣）。
　〇認知刺激（脳を使う習慣）。
　〇栄養（バランスのとれた栄養）。
　〇運動（体を動かす習慣）。

　これらは、学生時代から大切にしたいものばかりです。未成年者もいますが成人した学生もいるキャンパスは、「社会性」のない幼稚な態度は似つかわしくありません。

　インターンシップでどのようなことを学びたいのか、「認知刺激」を自ら積極的に求めていきましょう。学生が日常的に親しんでいる便利なインターネットですが、活用の仕方が偏向していると思考が狭小になるのではと懸念されます。ネットの世界を離れて現実社会の空気を体の隅々まで行きわたらせる体験に果敢に挑戦しましょう。筆者は「立額」を提唱していますが、人の顔をまっすぐ見つめるなどし、皮膚感覚を取り戻すことも「認知刺激」となります。

　人が人生の最後まで自分の力でしたいことは、栄養摂取や排泄、衣類の着脱を自力で行うことと言えます。人手を借りることなく自分でしたいのにできない。これほど辛いことはありません。バランスのとれた「栄養」の摂取は成長の基本です。何事も体力が基本です。

　そして、適度な「運動」は、学生の頃から大切です。アメリカの実業界で一時、自己管理能力のない人は管理職になれないと言われ、禁煙、肥満解消

のための運動が推奨されました。過激さは後退しましたが、今でもそうした考えは残っています。

健康は社会活動を支えるうえで無視できません。どんなに忙しくても体調管理をおろそかにしてはならないのです。仕事でも趣味でも何かをしたいと思い、それをつき動かしてくれるのは気力であり体力であり、心の働きである心力です。やはり、見えない「気」を見える「力」に変える取り組みは、若い頃から心がけたいことと言えます。

第2節 「仕事」と向き合い何が必要かを知る

能力には、発達段階に応じて自然と身に付くものと、意識して身に付けるものとがあります。幼少の頃からある時期まで親や教師など、指導し、教育してくれる存在は必要ですが、長じては自己教育力が要求されます。

(1) インターンシップ先の情報入手

インターンシップ参加の準備のなかでも、企業研究をおろそかにすることはできません。情報収集の原点は、自分の耳や目、手足を使って確かめることです。それを前提に、以下に有効な資料およびその入手先をあげます。就職活動にも役立つでしょう。

○企業関係……企業案内、ホームページ、採用担当者、社内外の関係者の情報、アニュアル・レポート（年次報告書）、有価証券報告書（公的機関に提出された決算書。インターネットで検索可能）など。
○業界関係……業界紙、専門雑誌、業界サイト、新聞社、リクナビなど各種検索サイトなど。
○大学関係……就職関係の部署（キャリアセンターなど）、インターンシップ担当教員、自学および他大学のインターンシップ経験者の話、図書館など。
○その他……家族（父、母、兄弟姉妹、親族の情報）、口コミ（評判、ツイッター、フェイスブック）など。

ただし、インターネット検索に頼り過ぎる態度は改める必要があります。

直接企業に出向くことは、通勤経路（複数）の確認、企業周辺の状況等が把握できるなどのメリットがあります。人脈をたどり情報を収集することも有効です。学生時代にネットワーク作りに勤しむことが肝要です。仕事と向き合うには広い視野が必要であり、人脈作りはその1つです。ゼミやクラブの先輩後輩の関係、地域やボランティア活動などを通じて人脈を広げましょう。世界が広がり、就職活動の助言をしてもらえることもあります。

(2) 仕事には定型業務と非定型業務がある

　仕事は、通常、定型業務と非定型業務に分けられます。前者はルーチン（日課）で、後者は予定できないことや予期せぬ飛び込みの仕事や事態を言います。予期せぬ事態に備えることは、企業の重要な取り組みの1つです。そのなかには、地域や社会への貢献も含まれています。

　○定型業務（要対応。日々の仕事）
- 日程……会議、出張、来客、会食、パーティ、など。
- 文書・通信……文書管理、メール管理、顧客管理、資料管理、郵便・宅配管理、電話応対、など。
- 商品……在庫管理、陳列管理、販売管理、購入管理、など。
- 健康……健康診断（人間ドック）。社員の健康管理は企業の重要関心事となっている。

　○非定型業務（要対策。その都度取り組む）
- 冠婚葬祭……取引先・顧客関連、地域、社内など。
- 急病・伝染病・食中毒……社内、取引先、顧客、地域など。
- 事故……交通・航空・船舶・山岳・海洋・社内事故、風評被害、など。
- 不法侵入……スパイ、盗難、潜伏、など。
- テロ……サイバー、暴力、恐怖、人質、ハイジャック、爆弾、誘拐、など。
- 自然災害……地震、台風、津波、雪害、火事、など。
- 社内……停電、停水、火災、など。

「備えあれば憂いなし」と言いますが、「喉元過ぎれば熱さを忘れる」とも言います。定型業務の落とし穴は「慣れ」であり、非定型業務においては

「緩み」と「準備不足」です。予期せぬ事態への備えは、普段から心がけが必須です。

(3) 20代に身に付けておきたい仕事力

　生涯にわたって納得できるキャリアを積むことが可能な人の仕事力とは、どのようなものでしょうか。20代までに身に付けておきたい能力を『仕事のための12の基礎力～「キャリア」と「能力」の育て方～』(大久保幸夫著、日経PB社)から引用し、筆書の補足を「……」以下に記します。

　○第一能力「反応力(リアクション)」：相手からの投げかけや言葉に対して、反応していることを相手にわかるように表す力。コミュニケーションの基礎中の基礎……「はい」と元気に明るく返事をすることは、相手に認められる最も効果的な反応と言えます。

　○第二能力「愛嬌力」：柔和な表情や茶目っけのある笑顔で人を引き付ける力……「和顔愛語」を目指そう。愛嬌(愛敬)は女性や子どもの特権ではありません。他人に好感情を抱いてもらいたいなら、和やかな表情と思いやりのあることば遣いを身に付けましょう。

　○第三能力「楽天力」：仕事には付きもののストレスに対して、自分に適した処理方法を持ち、戦略的に解消していく力……私たちは競争社会の住人です。この世に生を受けた人でストレスのない人はいません。ストレスと向き合ったりやり過ごしたりする方法を見付け、そのときどきのストレスを恐れないように鍛錬しましょう。

　○第四能力「目標発見力」：自らの仕事の目標を自ら提起する力。まず問題を発見し、その解決を目標とすることが一般的……日頃から小さな問題を見過ごさず、それらと向き合い、他者と協力し解決を心がけるならば自分に力が付くだけでなく人間関係や視野が広がります。

　○第五能力「継続学習力」：必要なときに必要なことを学習する習慣……日進月歩の世の中、最新で最良な知識や技能を身に付けることが求められます。継続学習は生涯学習時代の心得です。

　○第六能力「文脈理解力」：背景・文脈の異なる人との間で意見の調整をする力……国際化・情報化・少子高齢化・高学歴化社会では、高度でか

つ洗練された情報処理能力、人間関係調整能力が問われます。

(4) 挨拶すると道が開ける

　筆者は、学生に「挨拶すると道が開ける」と伝えています。大久保幸夫氏も前出の著書の中で「挨拶の省略はマイナス。挨拶をしないと損をする」とさえ述べています。仕事は期待通りにすぐにはできないとしても、返事や挨拶を気持ちよくする人は、インターンシップ先の環境に早くとけ込むことができ、容易に受け入れられるのです。職場と言わずどのような場所でも、人は挨拶の態度にコミュニケーション力を見ているものです。これは新入社員に対しても同様です。

　礼儀とは敬意を表す作法のことで、対象は、個人対個人、個人対団体、団体対団体です。礼儀には「辞儀・行儀・書儀」があり、それぞれ適切な挨拶や振る舞いができること、文書やメールなどを礼儀をたがうことなく作成する能力が求められます。礼儀はコミュニケーションと二人三脚の関係にあるとも言えます。あなたは、挨拶は適切に行っているでしょうか？　学生だからと意味なく甘えた態度で、時間帯を無視した挨拶はしていませんか？　午後3時に「おはようございます」と言う時間感覚に欠けた態度に違和感を覚えます。

　お辞儀には立礼と座礼があります。筆者は魅力行動（行動の質・量・形・意味に魅力を付与した行動）として、浅いお辞儀から深いお辞儀まで4種類を提唱しています。角度は目安です。正しく身体を用いることで美しく無駄のない振る舞いが可能です。お辞儀は深浅にかかわらず心からのお辞儀を心がけましょう。両足は揃えてその場に立ち止まります。

　○会釈……15度の浅いお辞儀。すれ違う際や近所の人たちなど。
　○敬礼……30度の普通のお辞儀。来客や同僚、目下の人たちなど。
　○最敬礼……45度の丁寧なお辞儀。顧客や目上の人たちなど。
　○拝礼……90度の深いお辞儀。目に見えない対象を含む。神仏や祖先、自然に深く頭を垂れる相手など。

　寡聞にして「挨拶無用」を掲げる企業を見たことも聞いたこともありません。企業は、挨拶もできないような学生を受け入れる気もなければ、入ってから

教育するとは限りません。挨拶を無視する人は、コミュニケーションの機会を意図するしないにかかわらず重要なチャンスを逸したことになります。日頃から気持ちのよい挨拶で1日をスタートする習慣を身に付けましょう。

(5) 自分の強みと弱みを自己評価する

　勉強すればした分だけ学力は身に付いてきます。運動すればそれに伴い体力は付いてくるでしょう。食べ過ぎれば太り、食べなければやつれます。こうしたことは誰にも覚えがあるのではないでしょうか。しかし、実践すれば身に付くと頭では理解していても、実際には実践しようとしない自分はいませんか。自分と付きあうことは結構厄介なものです。

　インターンシップを意義ある経験とするためにも、参加の前には、自分の強みと言える能力やことがらを把握しておきましょう。それらは、インターンシップの後に振り返ったときにも、自身を評価するうえで役立ちます。

　これまで会いたい人に会いに行ったか、見たいものを見に行ったか、どんなときに笑ったか怒ったか、読みたい本は何か、あきらめたこと、手に入れたものは何かなど、1つひとつ振り返るなかで「自分」が見えてきます。努力したことは何か、それができた理由は何か、これまで何に感動し関心を抱いたのか、何に挫折したのか、なぜ好きな人に振られたのかなど、そうした自分だけの体験が誰にもあるはずです。

　とかく自己評価は甘くなりがちですが、職場では客観的に外部の評価を受け入れ、少しでも成長しようとする態度が求められます。いまや職場でパソコンに向かう時間は格段に増え、業務の70％を占めるとも言われています。一方で、職業人は、常に多くのことを頭の中で同時進行させながら仕事をしているのです。いつ食事をするかという個人的なものから、顧客を接待するレストランはどこがいいか、メールの文章はどう書けばよいか、上司に報告するタイミングなど、ことがらは多岐にわたります。インターンシップと言えども学生気分のままでは、職場では通用しません。事前にできるだけ客観的に自己の能力を直視する必要があるのです。

　次の表を使って自分の能力の強みと弱みを自己評価してみましょう。1節の社会人基礎力を参照し、項目を増やして現時点での能力や強みを精査して

みましょう。

　学生は「読む、書く、話す、聞く」力が備わっていることに加えて、ICT（通信情報技術）能力に長けていることは基本中の基本です。「リテラシー能力」は、現代人に必須のコンピュータを使いこなす能力をふくみます。「プレゼンテーション能力」とは、提示資料の作成、発表能力、質疑応答が順調にできるかどうかが問われます。「コミュニケーション能力とは、他人と必要な情報交換ができるかなどを問う項目です。

能力・強み	突出している	まあまあある	ふつう	不足している
リテラシー能力				
プレゼンテーション力				
コミュニケーション力				
忍耐力				
責任感（完遂力）				
職業倫理				
論理的思考力				
社会的関心				
協働力（チームワーク）				
主体的行動力				
問題発見力				
問題改善・解決力				
ビジネスマナー				
共感				
リーダーシップ				
親切心				
明朗さ				
細心				
判断力				
決断力				
実行力				
良識				

(6) インターンシップに必要な提出書類

　インターンシップの参加者は、事前に履歴書や自己紹介書を作成するほか、保険に関する書類や守秘義務に関する同意書等を提出します。書類作成は自分で行い、署名し押印します。大学と企業が相互に契約を結んでいる場合、学生はその契約を守る義務を負います。契約は、自分を縛るだけでなく、契約を逸脱しない限り、自分を守ってくれるものです。保険に加入する意味も同じです。万が一、インターンシップ先で備品を壊すなどの損害が生じた際に対応できる態勢を整えておくためです。

　インターンシップは大学の仲介によるものと、自分で探して応募するケースがありますが、契約書などの書類が必要です。問題発生防止や解決策が必要な場合のために、保証人を求めるインターンシップ先企業もあります。必要な書類の例を見てみましょう。

　○誓約書（企業に提出）……就業中および終業後も守秘義務を順守する、インターンシップ先の規則や指示に従う、など。インターンシップ先で知り得たことをツイッターにツイートしたり、勝手に企業内で写真を撮りフェイスブックなどに掲載したりしない。

　○保険（保険会社。大学で取りまとめることもある）……出勤途中の事故やインターンシップ先での事故等に備えるもの。大学が関与せず、個人でインターンシップに参加する場合も保険はかけよう。

　○日報（日々提出し、担当者の確認やコメントを得る。終了後大学に提出）……日々の報告書。提出書類は、原則として黒または青のペンかボールペンを使用し記載する。印鑑は必須。

　○報告書（大学）……インターンシップ終了の報告書をまとめる。事後の報告会で活用する。企業が求める場合もある。

　本項で見たように、社会は多くの約束事で成り立っています。インターンシップのキャリア教育は、事前の座学、演習と本番の就業体験、事後の報告、そして引き続き大学での学びを深化させることが目標です。事前の準備が万全であればこそ、安心で安全な環境下でインターンシップを遂行することができるのです。

第3節 「社会」と向き合い目標をもつ

　仕事は、具体的な資格やスキルだけでなく、対人・対自己への肯定、寛容や協調の精神などの人間的魅力があると、よりはかどると言われています。そうした魅力をもつ人は特別な人だと思うのではなく、自分にできることは何かと考える思考回路に徐々に切り替えていってみてください。仕事を通じて社会と向き合う力を付けるために必要なのは、目標を持ち具体的に行動することです。

　仕事には、危険を伴うものが少なくありません。これは、身体にかかわる危険だけを指しているのではなく、ミスが1つでも発生すれば、企業は存亡の危機に見舞われることになりかねないのです。今日、情報公開が原則の社会にあって、失敗を隠すことは許されないし、隠し通すこともできません。安心・安全の観点からは、商品や設備の管理が徹底して行われています。いい加減ことはできないし、してはなりません。

　学生には、さまざまな場面で再チャレンジの機会が与えられています。たとえば、定期試験を何らかの理由で受験できなかった場合、再試験制度が利用できます。しかし、社会常識では、納期を守らない企業は仕事を失います。心に緩みが生じた結果失敗したということは許されません。社会ではそれが当然なのです。

　そうした心構えや精神を養うため、社員教育の一環として朝礼を行う企業は少なくありません。「はいオアシス」は、挨拶運動の1つとして、多くの企業で奨励されています。

　○「はい」は、いつでも打てば響くように明るく声に出してする返事。
　○「オ」は「おはようございます」という朝の爽やかな挨拶。
　○「ア」は「ありがとうございます」という心からの感謝の気持ち。
　○「シ」は「失礼します」という謙虚な気持ち。
　○「ス」は「すみません」という素直な気持ち。

(1)　出会いの大切さ

　登山家の野口健氏（1973〜）を知っていますか？　野口氏は外交官の子息

として産まれました。しかしながら、10代の半ばまで落ち着いて勉強する環境ではなかったようです。英国で送った高校生活では、先輩と喧嘩して1ヶ月の停学処分を受けています。停学中、日本に帰国し、ひとり旅に出た時に『青春を山に賭けて』（植村直己著）という本に出会いました。それから山への興味がわき、16歳でキリマンジャロに登頂したのを皮切りに、7大陸最高峰の登頂を決意したのです。25歳で世界最高峰のエベレストを極め、その夢を叶えた後も野口氏の活動は終わりませんでした。環境問題や山の清掃に取り組んだり、シェルパ基金を創設し遺児らの教育を支援したり、マナスル基金により学校を建設するなど幅広い活動を行っています。ここには、「人との出会い」「本との出会い」「自然との出会い」「環境との出会い」があります。何より「自分との出会い」があります。よい連鎖を生むきっかけは、新生の自己との出会いだったと言えるのではないでしょうか。

　社会と向き合うことを「身の回り30 cm圏内」から始めませんか？　偶然手にした書籍から何か発見するかもしれません。見慣れた風景にも発見はあります。たとえば、歩道に駐輪した自転車は、視覚障がい者だけでなくだれにとっても迷惑です。そうした視点が、個人のモラルや制度の不備を考えるきっかけになるかもしれません。社会と向き合うことは、自分の生活環境や世界の出来事と向き合う行為にほかなりません。社会のなかにある身近な問題を、疑問の目や改善等の目的をもって見つめてみましょう。

(2)　5Sの効用

　アジア諸国での見聞ですが、今も「日本企業に学べ」をスローガンに、トヨタの仕事の現場から生まれた「5S」や「KAIZEN（改善）」の教育が行われています。「5S」とは多くの企業が採用している概念で、職業人としてのモラル向上、業務の効率化、職場の危険回避と安全性の確保、顕在している問題への対処に加え、それだけでなく潜在する問題を発見し、それへの対応が見込めると言われています。5Sとは次のことです。

　○整理……必要なものを残し、不要なものは捨てる。
　○整頓……物品は決められた場所に置き、必要に応じていつでも取り出せる状態にする。

○清掃……掃除し、環境管理、備品管理等を徹底する。
○清潔……整理・整頓し、清掃を怠らない。働く人は、環境を清潔に保つ意識と実行が要求される。
○躾……決められたルールや手順を正しく守る習慣を身に付ける。

　社会は、企業が社会的責任を果たすことを当然視し、厳しく監視します。欠陥商品を世に出すなどとんでもないことです。そうしたなかで自分の仕事は他の多くのことがらと関係し合っているため、職場では、仕事の仕方、仕事への要望としての「S」は増えるばかりです。たとえば「しっかり」「しつこく」「真剣」「親切」「真摯」「誠実」「正直」などです。

　ものをつくる生産業務にせよ計算が必要な会計業務にせよ、仕事はすべからく、誠実かつ念入りにすることが求められます。仕事をするうえでは、何事にも念には念を入れることが大事であり、ていねいさやしつこさが不可欠なのです。社会と向き合い、よい仕事を実行してこそ、取り引き先や消費者から信頼を得られるのです。よい仕事を実行する職場の善き風土は、意識の高い個々人の力の総合によって生み出されます。

注1：古閑博美「魅力人材の育成とインターンシップ」(『嘉悦大学研究論集』、2007年)

第8章　インターンシップの後で

古閑博美

第1節　インターンシップを振り返る

　この章では、インターンシップ参加の事後にすべきことについて見ていきます。インターンシップの現場では、コミュニケーションはうまくできたでしょうか？　忍耐を強いられたとしたらそれはどんな場面でしたか？

　職業人は、定められた就業規則を守って仕事をするのが基本です。定時に出勤するのは当然ですが、定時より早く出勤する、あるいは残業する姿もあります。自明のことですが、職場では理由のない遅刻や無断欠勤は許されません。交通機関等の理由で遅延した際は、必ず職場に連絡を入れます。

　他人との協働を意味するチーム・ワークが尊ばれる一方で、協調のみならず意見を闘わしながら目的達成に向けてまい進することも求められます。

　定時に出社し、定時に退社できる職場ばかりではありません。夜勤が中心となる職場やシフト制の職場もあれば、人が遊んでいるときに働く余暇サービス産業、天候に左右される第一次産業、事件や事故などに対応する職場など、社会には多様な業種・職業があります。場所も国内に限りません。

　古来、働くことは生きることに直結した生活態度であり、生きるための行動そのものでした。働き方は従事する仕事によって異なりますが、仕事は完遂することが求められます。インターンシップの経験は仕事のごく一部でしかないのです。

(1)　参加目的の達成度を振り返る

　インターンシップ参加後、参加した目的は達成できたのか、必ず振り返ってみましょう（ここでは、少なくとも3日以上参加したものをインターンシップとし、「1Dayインターンシップ」は含めません）。次ページの表を使って、「報

■インターンシップを振り返る

	状況	内容	相手の反応	学んだこと	備考
報　告					
連　絡					
相　談					
伝　達					
説　明					
備　考					

告・連絡・相談・伝達・説明」の実行場面を客観的に振り返り、問題点を整理して書き込んでみましょう。

　自己評価のほか、インターンシップ先の評価も参考にします。インターンシップ先で「あなたを採用したい（くらいである）」という評価があったとすれば、それはあなたの働き方へのほめ言葉です。「一緒に働きたい」と言われているのであり、最も大きな評価と言えます。

　受け入れ企業は、インターンシップの学生を実務に照らし合わせて具体的に評価しているものです。学生が意識し、アピールポイントだと思っている専門性や資格より、コミュニケーション力や人間的魅力、そして礼儀や良識を備えているかなどに注目しています。その他、体力はあるか、性格は素直か、制服が似合うかどうかなどを見ている企業もあります。

　企業の目には、自分の意気込みや能力を試そうとしてインターンシップを活用する学生と、単位取得だけを目的とする学生とでは、姿勢からして違って見えます。本気で取り組まないものは「お客」扱いされ、仕事の本質の一端でさえ、学ぶことはできないでしょう。企業は、インターンシップに来た学生を「今どきの学生の実態を見る機会」と捉え、就職面談の機会などに生かそうとしています。

(2) 日報を作成する

　インターンシップ先では、相手に自分のことをわかってほしいと期待するのではなく、自分の考えや行動のしかたをわかってもらうための表現方法を工夫する必要があります。教師と学生の関係であれば、時間をかけてもつれた糸をほぐすような対応が期待できますが、職場ではそのような対応が期待できるとは限らないのです。それどころか、たとえば相手の問いに即答できなければその場で話が打ち切られることもあるのです。

　多くの大学や企業は、インターンシップの日報を書くことを義務付けています。日報は、1日の職務内容や出来事を記録し、口頭で伝えられなかったことや疑問等を記しますが、それに対する相手の反応や指導などを引き出す手がかりとなります。担当者のコメントは真摯に受け止めましょう。

　日報の書き方にも形式や約束事があります。文字は読みやすく、箇条書きを用いるなど簡潔にまとめ、事実と伝聞を区別したかなどに注意します。鉛筆書きは下書きとみなされ、受け付けてもらえないことがあります。パソコンで作業する際も形式の文字数、配列に注意するなど、見た目にも美的であることを常に心がけましょう。印鑑は常時携帯します。

　ITリテラシーは現代の必須能力です。なかでも書く力は、大きな割合を占めています。ビジネス実務の7割はパソコン操作で占められていると言っても過言ではありません。パソコンの画面を見て素早く判断し、適切に対応するスキルが求められています。

　日報は、担当者のコメントに注意しましょう。ほめられたことや注意されたことに単純に喜んだり落ち込んだりするのではなく、よいことは自信のよりどころとするとともに習慣化し、注意されたことは目に見えるように改善しましょう。PDCAサイクルの実践です。それこそがやる気の証明であり、1歩踏み出す前向きな取り組みの姿勢をアピールするものとなります。

　インターンシップ先で指示されたことが、できたかできなかったか振り返り、大学での学習に反映させます。たとえば、コミュニケーション力が弱いとの評価があったとします。大学に戻り、ゼミの責任ある役職に立候補したり、クラブやサークル活動に参加したりすることも改善策の1つとなります。

第2節　インターンシップを評価する

　評価は「見える化」の時代です。多くの企業が、自社の評価をインターネットに公開するようになりました。その手順は、厳格かつ非常に厳密な企業ルールに則って行われます。

(1)　客観的な自己評価が成長につながる

　インターンシップは、自分の学力、体力、気力、心力、そして社会人基礎力等を総合的に見直し、自己評価する機会です。事前に作成した目標と比較し、伸長した力はどれか、思ったほど伸びなかった力は何か、それらを具体的な観点から見て自己評価してみましょう。

　インターンシップ参加後の自己評価で大事なことは、評価を過大にも過小にもしないという点です。すなわち客観的な態度が必要となります。しかし、そうした評価は、誰でもすぐにできるというわけではありません。その評価を導いた原因ないし理由を筋道立ててあげる思考法が必須です。どんな研究も、必要なのは感情論ではなく科学の眼です。インターンシップの自己評価もしかりです。インターンシップの経験を評価するなかで、「社会的・職業的に自立を図る」とはどういうことか考えましょう。

　インターンシップを経験し、客観的な自己評価の態度を身に付けることで、就職活動がスムーズに行えると予想できます。インターンシップに行って成長した学生は、入社後の姿が容易に想像できるとして企業側も歓迎するからです。

　欧米には、OJT（On-the-Job Training：企業内教育）はありません。採用側も採用された側も、就職したその日からすぐさま同僚となって働くことを共通認識としています。「新入社員だから」を理由にビジネスマナーを1から教えることなど考えられないことです。手取り足取り教えてもらうことに慣れた若者には苦痛かもしれませんが、見様見真似と自らの工夫により、仕事の手法を身に付けなければなりません。「習うより慣れよ」ということばもあります。就職後は、社会人になるために1日も早く職場という新しい環境に溶け込み、自分の居場所を確保することが課題となります。

(2) 「学生」から「社会人」になるために

　あなたは、参加したインターンシップ先で、どのようなことに留意して働きましたか？　事前に作成した目標は達成できたでしょうか？　それ以外にも、遅刻はしなかったか、1日中立ち続けの仕事に耐えられたか、営業先で初対面の相手と会話できたか、資料の作成は指示された時間内にできたか、アイディアを10件求められその倍を考えたか、叱られてプイッと横を向かなかったか、など細かい点まで振り返りましょう。他人の評価に耳を傾けることは自己評価を深める態度です。

　しかし、誰がなにを評価の対象とするかは企業によって異なります。インターンシップの内容を細かく振り返り、その後の大学生活でも自然言語、会計言語、人工言語への学修を深めることに加え、文化言語を充実させていきましょう。

　人の生涯にはさまざまな経費がかかります。なかでも三大経費と呼ばれるものは、教育費、居住費、老後の生活費です。それらは仕事をして得られるわけですが、あなたは自分が一人前の「社会人」になるまでのことを、経費の観点から考えたことはありますか？　企業が人を採用する際、1人につき100万円の経費がかかると言われています。しかし、そうした経費をかけられない企業にとっても「よい人材」を採用したいという願いは同じです。ではどのような採用活動をすればよいのでしょうか。

　そこで重視されるのがインターンシップなのです。自社のインターンシップでよい評価をした学生に入社試験を受けてほしいと考える企業は少なくありません。中小企業の多くは、学生に遊び半分でインターンシップに来てほしくないと考えています。

「学生」から「社会人」になることは、今のあなたが想像している以上に大きな変化です。何かに挑戦すること、そして何事にも結果を求められることは、学生も社会人も違いはありません。けれども職場では、毎日次々と課題が提示されて取り組むよう指示され、問題が生じれば改善や解決が求められる……、そうしたことの連続です。それらをレポートすることも日常業務の1つです。

第3節　インターンシップを報告する

　「プレゼンテーション」は、もとは広告業界から発した言葉で、広告案を顧客に提案し、説明したり説得したりすることです。今日では、「プレゼン」という言葉も一般化し、ビジネスや研究発表、個人の意見を発表する際にも使われています。
　ビジネスプレゼンテーションの定義には「自己の考えや集団のコンセプト（考え）を明確にもったうえで、その意図を第三者に的確に伝え反応を得るための説得的かつ戦略的コミュニケーション」（古閑、1999）があります。
　インターンシップの報告会でもプレゼンテーション形式を採用する大学や企業が増えています。インターンシップの報告会は、仕事に必要なプレゼンのスキルを磨く機会でもあるのです。

(1)　プレゼンテーションの留意点

　プレゼンテーションを行う際には、次のことに留意してください。
　○発表時間の厳守……発表時間と質疑応答。
　○挨拶……最初に大学名、学年、氏名を名乗り内容に入る。最後に「ご清聴を感謝します」など。
　○質問者や聴衆への感謝の態度とことば……「ご質問ありがとうございます」「研究不足な点は調べてお答えします」など。パワーポイントの操作に併せて、ゆっくり・はっきり・しっかりと話す。
　○服装……清潔で折り目正しいスーツ。靴の汚れに注意。男子学生はネクタイに緩みがないこと、女子学生は華美な化粧やアクセサリーは控える。
　○配布資料……人数分を用意する。2枚以上7枚以内の場合、エコ仕様のステープラー（針なし）で留める。横書きは資料に向かって左上、縦書きは向かって右上を留める。
　次に、スライドを作成する場合の注意点をあげておきます。
　○表紙……報告会実施日「年月日」、場所「於○○大学○○教室」、タイトル「インターンシップ　〜株式会社○○での学び〜」、発表者の名前（「○○大学ビジネス創造学部2年　古閑　博美」）などを提示する。

○2枚目以降……ヘッダーやフッターに「20○○年○月○日 IS 報告会」「○○大学ビジネス創造学部　古閑博美」などを入れる。著作権を示すため、「COPYRIGHT」「(c)」「©」などを入れることもある。
○最終ページ……「まとめ」を再掲し、「ご清聴を感謝いたします」等の文言を入れるとよい。

大学のロゴ入りのスライドを使用するとなおよいでしょう。企業のロゴや資料を使用する場合、必ず使用許可を取りましょう。

(2)　報告会の案内状と礼状

　報告会を開催する場合は、まず案内状を送りましょう。案内は、葉書（お知らせ）、往復葉書（返信で出欠を確認）、封書（葉書より儀礼的。中に返信用ハガキを同封することもある）、メールなどを利用します。

　手紙や封書は宛先の書き方に注意します。住所や名前を間違えないのは基本中の基本です。企業名は省略せず、関係者の名前はフルネームで記載します。「株式会社古閑物産　社長　古閑　博美　様」など。「（株）古閑物産　古閑　博美　社長」は不備な宛名です。敬称（「様」「先生」は個人、「御中」は団体、組織宛）に注意します。往復葉書の返信面に書く自分の名前に敬称はつけません。「古閑博美行」とします。

　インターンシップ報告会は、開催して発表すれば無事終了というものではありません。終了後、1週間以内に関係各所・各位に礼状を出し、対外的な区切りとします。礼状は手書きがよいとされています。パソコンで作成する場合も、相手先や自分の名前を手書きすることがあります。定型文の書状であっても一筆添えると好印象を与えます。メールでお礼を伝える場合は、感想等を添え、終了直後から一両日中に送信を心がけ、日数を置かないようにします。

　文章作成はビジネス文章を範とします。とはいえ、決まり文句をそのまま写すようでは味気なく、自分の気持ちを1行でもいいので書き入れる工夫をしましょう。「終わりよければすべてよし」と言います。最後まで気を抜かず、インターンシップの成果を今後の学生生活に活かすことができればインターンシップに行った甲斐があったと言うものです。

手紙の作法は、ビジネス文書に必須です。以下に案内状と礼状の例と、使用する敬語と結語の例を紹介します。参考にしてください。

■インターンシップ報告会案内状の例

(和暦または西暦)年○月○日

魅力行動学研究所株式会社
代表取締役社長　古閑　博美　様

○○大学□□学部××学科
3年　○○　△子

インターンシップ報告会（ご案内）

拝啓　時下ますますご清祥のこととお喜び申し上げます。ひごろ、大変お世話になっております。
　さて、このたび、本学でインターンシップ報告会を開催することとなりました。私は、貴社でのインターンシップを報告いたします。
　下記のとおり、ご案内申し上げます。ご多用と存じますが、是非ご意見を頂戴いたしたく、ご出席のほど、お願い申し上げます。
　末筆ながら、古閑博美様のご健康と貴社のますますのご隆盛をお祈りいたします。
　　　　　　　　　　　　　　　　　　　　　　　　　　　　敬具

記

日　時　20××年×月×日（土）　13:00〜16:00
場　所　○○大学A棟202教室
演　題　○○年度インターンシップ報告会
参　加　インターンシップ協力企業各位並びに参加学生
その他　終了後、懇親会を予定しております。

以上

担当　インターンシップ報告会実行委員会
電話（大学代表）　0××（12××）34××
E-mail　abc××@×.ac.jp

同封の葉書で出欠のお返事を賜りたく存じます。お手数ですが、○月×日までにご投函ください。

第8章　インターンシップの後で

■礼状の例（手紙、横書き）

　　　　　　　　　　　　　　　　　　（和暦または西暦）年○月○日
株式会社魅力行動学研究所
　社長　古閑　博美　様
　　　　　　　　　　　　　　　　　　　　○○大学□□学部××学科
　　　　　　　　　　　　　　　　　　　　　2年　○○　△△

　　　　　　　　　インターンシップについて（御礼）

　謹啓　古閑博美様にはますますご清栄の段、お喜び申し上げます。
　　さて、このたびは、貴社のインターンシップで2週間お世話になりました。貴重な機会をいただき、心から感謝申し上げます。毎日、時間が足りない思いで仕事をしておりました。
　　みなさまが未熟な私を親切にご指導くださいましたことは、感謝にたえません。とくに、担当の○○様にはご迷惑をおかけしました。いつも明るく接してくださいましたことは、おとなの態度として強く印象に残りました。
　　貴社での経験を糧とし、学生生活の一層の充実を図る所存です。今後ともご指導とご鞭撻をよろしくお願い申し上げます。
　　末筆ながら、古閑博美様のご健康と貴社のますますのご隆盛をお祈りいたします。
　　　　　　　　　　　　　　　　　　　　　　　　　　　　　　謹白

注意事項

○フォントは原則として10.5。書体は明朝体。
○1行目　年月日　右寄せ（算用数字は原則として1～9は全角、10以上は半角）
○2行目　宛先　左寄せ（2行にわたることもある）
○3行目　差出人　右寄せ（2行にわたることもある）
○4行目　アケル
○5行目　タイトル（センタリング。フォント12）
○6行目　アケル
○7行目　本文
○本文の下に「記」を書き入れる場合、本文中に「下記のとおり」と記す。

■礼状の例（手紙、縦書き）

拝啓　時下ますますご清祥のこととお喜び申し上げます。

さて、このたびは、貴社のインターンシップで二週間お世話になりました。貴重な機会をいただき、心から感謝申し上げます。毎日、時間が足りない思いで仕事をしておりました。みなさまが未熟な私を親切にご指導くださいましたことは、感謝にたえません。とくに、担当の〇〇様にはご迷惑をおかけしました。いつも明るく接してくださいましたことは、おとなの態度として強く印象に残りました。

貴社での経験を糧とし、学生生活の一層の充実を図る所存です。今後ともご指導とご鞭撻をよろしくお願い申し上げます。

末筆ながら、古閑博美様のご健康と貴社のますますのご隆盛をお祈りいたします。

敬具

（和暦または西暦）年〇月〇日

〇〇大学□□学部××学科
二年　〇〇　△△

魅力行動学研究所
主宰　古閑　博美　様

注意事項
○日付、差出人、宛先は手紙の本文の最後に記す。
○原則として、漢和数字（大字）を使用する。一（壱）、二（弐）、三（参）、四（肆）、五（伍）、六（陸）、七（漆）、八（捌）、九（玖）、十（拾）を必要に応じて使い分ける。

■頭語・結語の例

	頭語	結語
通常	拝啓、粛啓、啓白	敬具
丁寧	謹啓、粛啓、粛白	敬具、謹言、謹白
急ぎ	急啓	敬具、敬白、拝具、不一
前文省略	前略、冠省	草々、不一
返信	拝復	敬具、敬白

(3) 報告が必要なトラブル

次のような場合には、大学や企業に対し必ず報告します。十分に注意してください。

- ○遅刻……インターンシップ先に遅延証明書を必ず持参する。企業に連絡。大学に報告。
- ○無断欠勤……あってはならぬこと。大学に報告。日をおかず、企業に謝りに行くこと。理由があれば述べる。
- ○セクシュアル・ハラスメント……あってはならぬこと。企業、大学に報告。被害が深刻な場合、訴訟も視野に入れることになる。
- ○物品破損……保険で対処できるものは保険を利用する。企業、大学に報告。
- ○怪我・病気……企業、大学に報告。保険で対処できる場合、保険を利用する。インターンシップの継続については状況による。
- ○情報取り扱いの不備……企業の損害状況によっては、賠償を請求されることがある。企業、大学に報告。ツイッター、フェースブック等に安易にインターンシップ先の写真や文言などを掲載しない。
- ○物品紛失（盗難）……あってはならぬこと。企業と大学に報告。事件として扱われることがある。
- ○失言……取り返しのつかないことがある。要注意。学生の「ノリ」で会話しない。
- ○飲酒……未成年者は厳禁。成人学生も学生の立場を忘れない。

○通勤路での事故……企業、大学に報告。事件として扱われることがある。
○信用失墜……服務違反などを指す。企業と大学に報告。企業と大学の関係継続が危ぶまれることもある。
○ドレスコード……企業の指示に従わない場合、インターンシップの経験の幅が狭まる懸念がある。適切な服装で出勤。
○携帯電話……営業先、来客応対、会議中等、仕事中はマナーモードにするか電源を切る。仕事中、むやみに確認しない。私用電話は休憩時間に行う。
○金銭感覚……支給される昼食、好意で振る舞われる食事等以外自分で支払う。
○秘密・禁止……入室禁止、部外秘等から距離を置く。「㊙」とある書類に触れない。

(4) 就職活動先を選ぶ基準

　インターンシップに参加する学生の視野の先には、就職活動があると考えられます。インターンシップ先を選択する際、関心のある分野の企業を選ぶか、異分野の企業を選ぶかなど迷う学生もいます。
　社会学者の岩間夏樹氏によると、就職する会社を選ぶ基準は、次のように変遷しています。
　○1970年代：団塊世代（広義の）……会社の将来性、能力・個性を生かせる、仕事が面白い、技術が覚えられる。
　○1980〜1990年代：新人類時代……能力・個性を生かせる、会社の将来性、技術が覚えられる、仕事が面白い。
　○2000年〜：団塊のジュニア時代……能力・個性を生かせる、仕事が面白い、技術が覚えられる、会社の将来性。
　1970年代と今日を比較すると、今日では「仕事が面白い」が上昇し、「会社の将来性」は下降しています。昔に比べ経済活動が不安定で、将来的な不安も多い時代、企業は永久に存続すると考える存在ではなくなり、転職にも抵抗がありません。働く目的は、経済の高度成長期後期はチャレンジ＆エンジョイ期、バブル期は富裕層の台頭期、就職氷河期はエンジョイの突出期と

変化しています。

岩間氏に取材したところ、以下の回答が得られました。

> こうした調査が開始されたころ、「（広義の）団塊世代の時代」の選択肢は「会社の将来性」がトップでした。これは終身雇用制がきちんと機能しており、新卒から定年までひとつの会社に勤務することが当然視されていたことによると思われます。長く勤務するわけですから、会社の「将来性」が大切だったわけです。
>
> 新人類世代が就職し始める昭和50年あたり（1975年。オイルショックのころ）から、1位が「（自分の）個性や能力を生かせるから」に代わります。2位は「会社の将来性」ですから、終身雇用制を前提としながらも、自分に合う会社が選択されるようになったと思われます。団塊世代よりも少し豊かになった時代に育った新人類世代はかつてよりも親や教師から個性を尊重されたのだろうと思います。おそらく会社に自分を合わせるのでなく、そもそも自分に合った会社を選ぶという具合に主語が転換したと考えられます。
>
> 平成10年（1998年）前後の就職氷河期には団塊ジュニア世代が就職し始めます。かつてトップだった「会社の将来性」が減少し、10％を割り込む水準になります。その分増加したのが「仕事が面白い」です。他の項目とも合わせ考えると、別に楽をしたいというわけではなく、「会社」ではなく、実際に自分がどのような「職」につくことになるかに関心がもたれるようになったと思われます。会社にあまり大きな期待をもたず、何か値打をもつ経歴やスキルを身につけることで世渡りをしようとしているようにみえます。

このことから見えてくることは、無論、まだ多くの若者に「会社に就職する」という意識がある一方で、「就社」（会社に就く）ではなく、好きな職業・業務に就く「就業」（職業に就く）といった意識で働くことを考える若者が増えているということです。

筆者の周囲では、起業を目指す若者も増えています。何事も楽しんで取り組む精神は大事ですが、楽しいだけでは終わりません。楽しくないから、と言ってプイと会社を辞めてしまう人や、職場で心身を病む人も増えています。

社会にはどのような職業があり、職務の内容はどのようなものかを研究するためにも、目的意識をもってインターンシップに取り組む必要があるのです。
　就職活動は、学生が自分を企業に問う機会です。インターンシップ参加者は、企業が自分を、そして自分が企業を見るなど相互に問いかけることのできる機会として、インターンシップを活用してください。大学を卒業した人は大卒の資格を得たことになりますが、その値打は人によって異なります。あなたにとってはどのようなものになるでしょうか？　ICT（情報通信技術）が要請される時代のスキルといえども、人間性が問われないと言うことはありません。グローバル化社会であればこそ、魅力ある人材であることを目指してほしいものです。

第9章 よい会社の選び方、就職活動力の高め方

横山晧一

第1節 はじめに

(1) もう少し視野を広げて就職活動をしよう

　親や友人が「優良企業」だと言う知名度の高い企業、テレビや新聞によく出てくる著名企業など、一部の人気企業に学生が押しかけ、その結果、4人に1人が正社員に就けない厳しい状況が続いています。しかし、視野を中堅・中小企業まで少し広げてみると、統計的には、学生全員が正規の社員として職に就けるだけの求人があります。今の知名度の高い企業や著名な企業も、創業時は皆中小企業だったことを知るべきです。もう少し視野を広げると共に、企業を見る目を養い、有望な企業を探し出したいものです。

(2) 社会人基礎力は学生生活の中で養われる

「社会人基礎力」と言うと何だか難しいですが、学生生活の中で、クラブに所属して活動に積極的に参加したり、役員になってクラブを運営したり、そうしたときに必要な能力と何等変わりはありません。社会人基礎力は普段の学生生活の中で磨かれるもので、就職活動のときに一夜漬けで身に付くものではないのです。まず、社会人基礎力とは何かを理解し、それを身に付けられるような場を意識的に自らつくり、意識的に行動することが大切です。

(3) インターンシップは複数回経験しよう

　上場会社は、四半期決算や年度決算、重要事項について情報公開が義務付けられていますので、新聞や雑誌などで取りあげられることが多く、学生にとっては、就職活動に必要な情報に事欠きません。しかし、非上場会社であ

る中堅・中小企業は、自分で動かない限り有効な情報は集まりません。帝国データバンクや商工リサーチなど、調査会社がもっている会社情報を活用できればよいのですが、費用がかかることが難点です。大学と調査会社とが連携し、学生に負担のかからない制度づくりが必要だと思います。

インターンシップは社会人基礎力を学ぶ場であると共に、企業を知る場でもあります。春・夏の長期休暇を利用して複数回経験してみましょう。

第2節　一極集中型をやめよう

(1)　大学卒業後の就職状況

平成8年より文部科学省と厚生労働省（いずれも現在）は、学生の4月1日現在の就職状況を継続調査して発表しています（「4月1日現在の就職状況調査」）。同調査では多少の増減はありますが、約95％と高い就職率を示しており、就職活動の厳しさはあまり伝わってきません。

一方で、文部科学省の「大学卒業後の状況調査」（「学校基本調査」）によると、下表に見るように約63％の学生が就職をし、約13％の学生が大学院や専修学校、海外大学などへ就学、約21％（「その他」層）が非正規ないしは職がない状況にあります。就職状況が厳しいため大学院や専修学校へ就学する学生も考えると、学生の約4人に1人が正規の職に就けない厳しい就職活動状況がヒシヒシと伝わってきます。「その他」層は、経済が好調だった80年

	卒業者数 (人)	%	就職者数 (人)	%	進学者数 (人)	%	その他 (人)	%	不詳・死亡 (人)	%
H15.3	544,894	100	299,987	55	62,251	11	147,929	27	26,605	5
H20.3	555,690	100	388,480	70	76,343	14	71,276	13	10,803	2
H23.3	552,358	100	340,217	63	82,657	15	107,114	19	13,521	2
H24.3	558,692	100	335,095	60	76,856	14	128,128	23	9,797	2
H25.3	558,853	100	353,175	63	72,822	13	115,447	21	8,523	2

(「学校基本調査」文部科学省、25年度・確定値より)　(注)　就職者数375,957の中の雇用期間が1年以上で期間の定めのある者22,782を「その他」へ移動・修正した。その他は「一時的な仕事に就いた者」「就学も就職もしていない者」の合計です。

代までは限りなくゼロに近かったものが、バブル崩壊後の経済低迷と共に増加しました。

(2) 見方を変えれば可能性が広がる

しかし、少し角度を変えて見ると、就職活動の違った景色も見えてきます。集中豪雨型・一極集中型の就職活動を止めて、少し企業の見方や自分の考え方を変えてみたらどうでしょうか。そうすると、随分と可能性が広がるように思われます。

経営戦略にブルーオーシャン戦略という戦略があります。競争の激しいマーケット（市場）であるレッドオーシャン（血の海）を避け、価値変革によって競争のないブルーオーシャン（青い海）をつくり出し、業績を拡大しようとする戦略です。これは、就職活動でも全く同じだと思います。皆が集中するレッドオーシャン（血の海）を避け、競争の比較的少ないブルーオーシャン（青い海）で戦う。そして、ブルーオーシャン（青い海）の中からエクセレントカンパニーを探すのです。必ず「宝石」があるはずです。そのためには、自分自身の企業に対する「目利き力」を高めること、そのための不断の努力をすることが欠かせません。

下表はリクルートワークス研究所による「従業員規模別の求人倍率」調査です。この統計結果を診る限り、学生の就職先がないわけではなく、明らかに求人と学生のミスマッチが生じていることが見て取れます。999人以下の企業は、学生の売り手市場であることが分かります。この中から有望企業を探すのです。

	300人未満		300〜999人		1000〜4999		5000人以上	
	H23.3	H25.3	H23.3	H25.3	H23.3	H25.3	H23.3	H25.3
求人倍率（倍）	3.4	3.3	1.0	1.0	0.7	0.8	0.5	0.5
求人数（千人）	275.7	262.5	131.6	126.9	107.9	110.5	44.5	43.6
民間企業就職希望者数（千人）	82.4	80.6	136.3	123.6	145.2	140.3	91.0	81.2

「第30回ワークス大卒求人倍率調査（2014年卒）」（リクルートワークス研究所）より筆者作成。

ホンダやパナソニックなど株式上場している大会社も創業時は中小企業でした。優れた創業経営者の戦略とリーダーシップにより成長を遂げたのです。多くの企業を見てきた筆者の社会経験から言えば、500人、1,000人の会社は決して小さな会社ではありません。中堅企業と言っても結構大きな会社です。その中に必ず「宝石」があるのです。下表を使い、20～30年後にはどのような事業が起こり、花形になるのかを考えてみましょう。

20年～30年後どのような環境になっているか？を考えてみよう	
政治の状況	（例）EUと同じようにアジアが1つ（AU）に
経済の状況	（例）世界人口100億人超→食糧危機の時代に
社会の状況	（例）日本の人口1億人割れ→減少分を外人がカバー
技術の状況など	（例）全国にリニア敷設、札幌や福岡も首都通勤圏へ

第3節　企業はどのような学生を求めているのか

(1)　企業が求める「社会人基礎力」

　財団法人企業活力研究所（経済産業省委託）が、東証1部上場企業1,747社、中堅・中小企業1,968社に行ったアンケート調査（平成18年10月、回答企業684社）によると、新卒社員採用時や入社後の人材育成において上場会社で97.4％、中堅・中小企業で93.2％の企業が「社会人基礎力」を重視していることが分かりました。

　社会人基礎力とは、経済産業省の「社会人基礎力研究会」によると「職場や地域社会の中で多用な人々とともに仕事をしていく上で必要な基礎的な能力」と定義されています。具体的には「前に踏み出す力（アクション）」「考え抜く力（シンキング）」「チームで働く力（チームワーク）」の3つの能力と、12の能力要素で構成されています（181ページ参照）。一望してどのように感じたでしょうか。「基礎力」と言っても、これほど多岐にわたる能力を完全に

備えた学生や社会人が果たして何人いるのだろうか？　学生生活の中から見れば、そう考えても不思議ではありません。少し角度を変えて、なぜこうした基礎力が必要なのかを企業の現場から見てみましょう。

(2)　情意考課の 4 要素

　一般的にどの会社でも人事制度が制定されていて、賞与を決める「実績考課（通常年 2 回）」と昇進・昇格を決める「能力考課（通常年 1 回）」が行われ、賃金や賞与、ポストなどの処遇を決めます。その 2 つの考課の際には、仕事への取り組み方や姿勢、心構えなどを評価する「情意考課」も併せて行われます。内容は「規律性」「責任制」「協調性」「積極性」の 4 要素が一般的です。企業によっては、原価（コスト）意識や企業意識（忠誠心）など独自の考課要素を加えている場合もあります。

　規律性は会社の規則やルールを守っているか、責任性は自分の役割をキチッと果たしているか、協調性は仲間と協力し合って業務を行っているか、積極性は日常の業務の中で業務改善や原価低減、能力開発を行っているか、などを評価するものです。社会人としてできて当たり前のことばかりで、基礎の基礎部分になります。社会に出てから改まってやることではなく、家庭生活や学校生活の中で身に付けて行くものです。最近は、家庭で躾が行われていない、学校で先生が教えたり注意したりしない、などの問題が指摘されていますが、本人の心掛けが最も大切です。

(3)　企業活動の課題解決に必要な 2 つの力

　よく企業活動は課題解決の連続であると言われます。課題は、経営レベルの課題から現場レベルの課題まで多様ですが、若い年代層であれば現場レベルの課題を発見し、仲間の力を結集し、課題を解決する能力が期待されています。換言すれば、「課題発見・解決力」「リーダーシップ」の 2 つの力が求められるのです。

　私は学生の頃、商学部経営学科に所属していたのですが、何故か学生時代は法律に興味を持ち、授業以外はすべて 1 年次から 4 年間法律研究部（クラブ）で過ごしました。私の 1 ～ 2 年次の行動が評価されたのかどうかわかり

■社会人基礎力の3つの能力と12の能力要素

分類	能力要素	内容
前に踏み出す力 （アクション） 一歩前に踏み出し、失敗しても粘り強く取り組む力	主体性	**物事に進んで取り組む力** （例）指示を待つのではなく、自らやるべきことを見つけて積極的に取り組む
	働きかけ力	**他人に働きかけ巻き込む力** （例）「やろうじゃないか」と呼びかけ、目的に向かって周囲の人々を動かしていく
	実行力	**目的を設定し確実に実行する力** （例）言われたことをやるだけでなく自ら目標を設定し、失敗を恐れず実行に移し、粘り強く取り組む
考え抜く力 （シンキング） 疑問を持ち、考え抜く力	課題発見力	**現状を分析し目的や課題を明らかにする力** （例）目標に向かって、自ら「ここに問題があり、解決が必要だ」と提案する
	計画力	**課題の解決に向けたプロセスを明らかにし準備する力** （例）課題の解決に向けた複数のプロセスを明確にし、「その中で最善のものは何か」を検討し、それに向けた準備をする
	想像力	**新しい価値を生み出す力** （例）既存の発想にとらわれず、課題に対して新しい解決方法を考える
チームで働く力 （チームワーク） 多様な人とともに、目標に向けて協力する力	発信力	**自分の意見をわかりやすく伝える力** （例）自分の意見をわかりやすく整理した上で、相手に理解してもらうように的確に伝える
	傾聴力	**相手の意見を丁寧に聴く力** （例）相手の話しやすい環境をつくり、適切なタイミングで質問するなど相手の意見を引き出す
	柔軟性	**意見の違いや立場の違いを理解する力** （例）自分のルールややり方に固執するのではなく、相手の意見や立場を尊重し理解する
	状況把握力	**自分と周囲の人々や物事との関係性を理解する力** （例）チームで仕事をするとき、自分がどのような役割を果たすべきかを理解する
	規律性	**社会のルールや人との約束を守る力** （例）状況に応じて、社会のルールに則って自らの発言や行動を適切に律する
	ストレスコントロール力	**ストレスの発生源に対応する力** （例）ストレスを感じることがあっても、成長の機会だとポジティブに捉えて肩の力を抜いて対応する

（経済産業省資料による）

ませんが、3年次にはクラブの仲間から部長に選出されました。合宿や秋の大学祭など1年間のスケジュールや全部員の役割を決め、いかに全部員の力を結集し活動を活発化させるか、部員満足を得るかなどを考えました。合宿、模擬裁判のための脚本創り、役割決定・演技訓練、地裁からお借りした法衣や法廷設備を皆でトラックで運ぶなど、沢山の思い出をつくることができました。

　このように、法律研究部という組織（集団）のリーダーとして、皆に進むべき方向を示し、役割を決めるなどの組織化をし、クラブ活動を推進する。途中、さまざまな課題が発生しましたが、その度に課題を乗り越え、次の部長に無事バトンタッチをしました。

　学生生活の中で場をつくり、意識的に行動すれば「課題発見・解決力」「リーダーシップ」は自然と養われて行くものなのです。先ほど多様さに呆然とした「社会人基礎力」の各要素も、その全てが以下のように今まで説明してきた「情意考課の4要素」や「課題発見・解決力」「リーダーシップ」に収斂されます。

　問題とは、理想や目標のあるべき姿と現状の姿を比較するなかで見つかります。これをマイナスギャップを言いますが、さまざまな問題のなかでも解決すべき重要な問題として取り上げられたものが課題ということになります。

企業が求める能力		養成される社会人基礎力の要素
情意考課	規律性	規律性
	責任性	実行力
	協調性	柔軟性、働きかけ力
	積極性	主体性、ストレスコントロール
課題発見・解決力		課題発見力、主体性、計画性、実行力、想像力
リーダーシップ		働きかけ力、発信力、傾聴力、柔軟性、状況把握力、計画性、実行力など

(4)「企業は体育会系の人材を好む」は本当か

「企業は経営者の器以上にはならない」とよく言われますが、正に真理だと思います。夢や高い目標を追い求める経営者と、そうでない経営者とでは大きな差が生じるからです。そして優れた企業は、経営者だけでなく、社内のあらゆる階層にそのような人材がいると言われています。企業は、採用に際して「課題発見・解決力」「リーダーシップ」を修得し得る人材予備軍か否かを見ているのです。面接で「学生時代にやったこと」をよく問われますが、そこを意識したものと言えるでしょう。今や企業は上から言われたことを忠実にやるだけの人材を求めているわけではないのです。

「企業は体育会系の人材を好む」という話もよく聞きます。事実、体育会系の学生なら体力の心配はありませんし、情意考課の4要素もクラブ活動の中でしっかりと身に付いているでしょう。それでは体育会系の学生なら全てよいかと言うとそうでもありません。分かれ目は、将来リーダーとなり得る可能性があるか否かが問われているわけです。

あなたの場合はどうでしょうか。次の表を記載してみましょう。自分と他人の考える能力が重なる場合は、客観的に評価できる能力と言ってもよいでしょう。ただし重ならない能力をどのように考えるかが大切です。

自分が	優れている（長所）と思う能力	・
	劣っている（短所）と思う能力	・
他人が	優れている（長所）と言う能力	・
	劣っている（短所）と言う能力	・

第4節　就職活動は大学に入学したときから始まっている

「課題発見・解決力」「リーダーシップ」は一朝一夕に身に付く能力ではありませんが、授業の中や学生生活のなかで自然に身に付く能力です。能力を身に付けるために意識して努力する人とそうでない人とでは、当然大きな差が生じることになるでしょう。それぞれの場で次のような点を意識するようにしましょう。

　〇授業の場で
- 授業に積極的に参加し、発言する。
- グループワークの際、リーダーを買って出て、積極的に参加し皆をリードする。
- 授業評価で積極的、前向きな提言を行う。
- ゼミで中心的に発言、活動する。

　〇学生生活の場で
- クラブ活動やイベントに参加、中心メンバーとして活動する。
- よい友達を沢山作り、色々なテーマで意見を交換する。
- よい先輩を持ち、教えを請う。
- 新聞、雑誌などに気を配り、重要と思われる問題を研究したり、仲間と議論したりする。

「課題発見・解決力」「リーダーシップ」は、不断の努力の中から養われる能力なので、就職活動までの3年間をどのように過ごすかが大切です。就職活動は大学に入った時から始まっていると言っても過言ではありません。自分の学生生活を見渡し、それぞれの場での能力修得の場を考えてみましょう。

	授業など	学生生活
場面	・	・

第5節　よい会社の探し方、選び方、調べ方

　それでは、学生はどのようにして会社を探し出し、何を基準に選定しているのでしょうか？
　会社選びの情報源は、一般的に以下のとおりと思われます。
○ネット情報（就職情報サイト）……リクナビ、マイナビ、ダイアモンド就職活動ナビ、日経就職ナビ、など。
○書籍情報……『就職四季報（総合版）』『就職四季報（女子版）』『就職四季報（中堅・中小企業版）』『会社四季報』、など。
○大学情報……大学に寄せられた求人情報、OB情報、など。
○聞き込み情報……先輩、知人、家族などからの情報。
○その他情報……新聞、一般雑誌、業界紹介書籍などの情報。
　上記以外に筆者が紹介できる情報源を以下にまとめておきます。
○公開（上場）会社……上場企業については、EDINET検索により個別企業の有価証券報告書が無料で入手できます。
○未上場会社……会社詳細情報：帝国データバンク、商工リサーチなど信用調査会社には未上場会社の詳細な調査データがあります。ただし、1社数万円の費用が必要です。大学で調査会社と提携していれば便利です。
会社概要情報：「帝国データバンク会社年鑑（約14万社を掲載）」、「東商信用録（約28万社を掲載）」、「日経小売・卸売企業年鑑（1,857社を収録）」などがあります。高額書籍なので図書館を活用しましょう。
○書籍……「業種別審査辞典（全9巻）」（きんざい）：業界を簡便に知るために銀行員がよく活用しています。個別企業名は余り掲載されていませんが、業種の特徴などを約10ページ前後で詳しく紹介しています。ただ、学生には少々難解かもしれません。「業種別業界情報」（経営情報出版）：主要350業種を見開き2ページで簡潔に紹介していますので学生には分かり易いと思われます。
○各協会……「業種別審査辞典」（きんざい）の各業種記事の巻末に関連協会名、住所、電話番号が掲載されています。時間のある方は是非訪問し、業界の勉強をすると共に個別企業についても教えてもらうとよいでしょ

う。1・2年生の早い時期の訪問をお勧めします。
○商工会議所……各地の商工会議所には地域の中小企業が加盟しています。中小企業の情報が沢山ありますし、各種無料セミナーなども開催されています。上記と同じように1・2年次の早い時期の訪問をお勧めします。
○各都道府県労働局……2013年より厚生労働省が開始した事業です。過去3年間の新卒学生（含若者）の採用実績や定着状況、有給休暇や所定外労働時間、社内教育やキャリアアップ制度なの状況を公表し、正規雇用の求人をハローワークに出す中堅・中小企業「若者応援企業」として各都道府県労働局のホームページに公表する制度。学生など若者（35歳未満）は通常公表される企業情報より詳細な情報が得られることになっており積極的に活用したい。

　それでは、学生は何を基準に会社を選定しているのでしょうか？　次ページのグラフは就職活動学生のアンケート結果です（ジョブウエブ調べ）。多い順に「雰囲気・社風（67％）」「成長できるか（57％）」「事業内容（54％）」「自分のやりたいことができるか（53％）」となっています。一方「企業の規模（18％）」「安定しているか（17％）」、「教育、研修制度が整っているか（16％）」「世間や周囲の評判（15％）」「知名度（13％）」などは予想に反し低くなっています。

　学生は何を調べ、何を理解し、このような回答しているのでしょうか。あまりに立派過ぎる回答で逆に心配にもなります。そこで、企業を選定するに当たって検討すべき視点について、私なりの考えをポイントを絞って触れてみたいと思います。

(1)　企業理念を調べてみよう

　多くの企業は企業理念を定め、社会や社員に公開しています。内容は各社各様ですが、集約してみると次の4項目になります。
　○企業使命（ミッション）……企業の存在意義、役割。
　○経営理念……経営者の経営に当たっての価値観や哲学。
　○行動基準……こうあって欲しい社員の行動。
　○事業領域（ドメイン）……事業を行う範囲・領域。

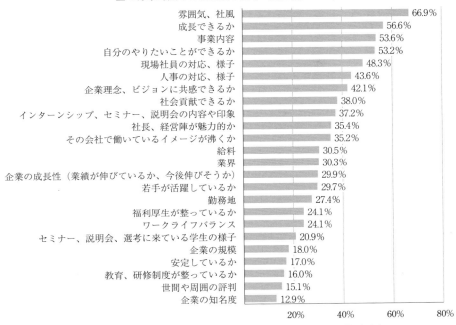

■4月末時点での企業選び基準（調査数489人）

「2012年度卒学生就職活動振り返りアンケート」（ジョブウェブ調べ）より

　企業理念を見ると、その企業の進む方向、目標、姿などが見えてきます。今では企業のホームページにも必ず掲載されています。ただ、形だけのものなのか、社員によく教育し浸透しているかは、会社を訪問して肌で感じてみないとわかりません。企業理念を見極め、本当に「人」、を大切にする企業を選びたいものです。

(2) 社長を知ろう

　先に「企業は経営者の器以上にはならない」と述べました。企業は、社長が経営ビジョンや経営戦略を示し、それを実現するために組織を創り、人材を配置して、経営活動を行います。社長の経営手腕が問われる訳です。

　従って、会社を知るためには社長の経歴、専門分野、経営上の夢（たとえ

ば上場したい、など）や人材に対する考え方、後継者などを知る必要があります。サラリーマン社長は短期間に交代しますが、オーナー会社の場合は一生の付き合いになります。ネットで検索すれば、社長の実績や人となりを知ることができるでしょう。また、他の取締役の年齢や経歴、学歴などを調べるとどのような人材を重用しているかが見えてきます。人材が育たない企業は持続的な成長が期待できません。

(3) 企業の成長力、収益力を知ろう

　企業の売上高、営業利益、経常利益について、できれば10年のタームでどの程度変化しているかを『会社四季報』で調べてみましょう。それぞれの増加率が成長力を表わします。利益の増加率が売上高の増加率より高い方がよいのですが、少なくともパラレルでありたいですね。また（営業利益÷売上高）×100＝売上高営業利益率は、本業の収益力を表わし、（経常利益÷売上高）×100＝売上高経常利益率は、企業自身の総合的な収益力を表わしています。

　収益力が増加基調にあるか、ダウン傾向にあるか、また収益率そのものの高低を検討しましょう。また事業内容別のシェア、増資、設備投資の状況なども記載されていますので非常に参考になります。未上場の会社は情報公開されていませんので調査会社に頼る以外にありません。

(4) 企業の「強み」が何かを知ろう

　好業績を上げている企業は必ずそれを支える強みがあるはずです。たとえば、優れた技術や技能、次々に斬新な商品を生み出す商品開発力、多くの優良顧客、ビジネスモデルなど、他社に負けない誇れる強みがあるはずです。強みが何かをしっかりと把握しましょう。会社を訪問した時、「御社のコア・コンピタンス（中核的競争力という）は何ですか？」と聴いてみるのも手です。

(5) 危ない会社を知ろう

　上場会社に就職が決まったものの、喜んでいたら入社する前に倒産、もしくは入社して1年も経たない間に倒産……。そんな悲劇に合わないためには、財務分析の知識を1～2年の間に少し勉強しておきたいものです。現象とし

ては、以下のような形で現れますので、財務分析に強い先生にみてもらうとよいかもしれません。
- ○債務超過に陥っている（自己資本がマイナスの状態）。債務超過が何年も続いている、債務超過金額が増加基調にある。
- ○「継続企業の前提に注記」が付いた企業。
- ○営業活動キャッシュフローで2期連続マイナスの企業は要注意、3期連続は危険と言われます。
- ○手持現預金が平均月商（年売上高÷12）以下の企業は危険と言われます。普通は1.5ヶ月、理想は3ヶ月です。
- ○借入金が平均月商の6ヶ月以上の企業は危険と言われ、理想は3ヶ月以内です。

(6) 希望ばかりを優先させない

　学生は会社を選定する際、基準の上位に「成長できるか」「自分のやりたいことができるか」などをあげています。ここで忠告しておきたいのは、入社後3年～5年の20歳代には、むしろ多くの仕事を経験させてもらうことが重要です。そして基礎ができたところで希望の専門分野に回してもらうぐらいがよいと思います。面接時は、希望は希望として伝えても、その前に多くの仕事を経験したいと答えるのがベターでしょう。

　また、給与に関して、初任給にはあまり固執しないことです。世間相場であれば十分です。むしろモデル賃金として30歳、40歳、50歳でどの程度の賃金水準になるのかがよっぽど重要です。『会社四季報』や『就職四季報』に掲載されていますので、よく検討してみましょう。なお、平均賃金の場合は、金額を単純に比較するのではなく年齢への留意が必要です。

第6節　学校任せにしない積極的なインターンシップの活用

　インターンシップは今や約7割の大学が実施しており、完全に定着したと言えます。しかし内容はお粗末で、多くの大学が3年次の夏期休暇中に2週

間未満（約7割）の体験型インターンシップを行っているのが実態です。1ヶ月以上のインターンシップは1割程度と極めて少なく、インターンシップを経験する学生は全学生の2％程度、永年5万人前後で推移しています（文部科学省調査）。

　欧米の学生は、インターンシップを通して就職すると言われています。そして就職活動では何処でどのようなインターンシップを行ったか、ということが大きな武器になり、採用時の給与など処遇の差にもつながると言われています。なぜわが国に真のインターンシップが定着しないのでしょうか？その原因を考えてみました。

　大学、学生、社会や企業それぞれの問題を見てみましょう。

　〇大学側の問題
- 研究重視、実学蔑視の風潮が未だ強い。
- 一部の教職員にお任せで、全学体制の大学は皆無。
- ヒト、モノ、カネなど実施体制が弱い。
- 事前学修、事後学修カリキュラムが貧弱。また実施できる教員が少ない。
- 実施中のフォロー体制が弱い。トラブル、リスクに過敏すぎる。

　〇学生側の問題
- 社会人としての基本的能力に欠ける。とくに言葉遣いやマナーなどが酷い。
- 勤労、就労に関する心構え、姿勢など基本的能力に欠ける。全て学校にお任せの姿勢（海外学生とは余りにも違う）で、自主性に欠ける。

　〇社会・企業側の問題
- 経団連の採用選考に関する企業の倫理憲章で、就職と切り離されている。
- 期間が短期間であるため会社見学、就労体験、お客様扱いで、企業には負担感だけが残る。
- 担当者にとって気苦労でお荷物、仕事が出来ない。中小企業にとって社会貢献というには負担が重い。

　日本のインターンシップには不幸な歴史があります。インターンシップ制度は、平成9年5月「経済構造の変革と創造のための行動計画」が閣議決定され、同年9月文部省、通商産業省、労働省の3省合意により「インターン

シップの推進に当っての基本的考え方」を取り決め、スタートしました。そして、ガイドラインとして、次の6項目が示されました。
　○学生の職業意識の啓発、職業選択の円滑化に資するものであること。
　○学校内における教育と連続性・関連性を有するものであること。
　○学校と産業界等との連携・協力により行われるものであること。
　○制度の運用に関し、責任の所在と役割分担が明確になっていること。
　○特定の学校や企業等に偏ることなく、希望者に対して開かれた制度であること。
　○採用・就職活動の秩序に悪影響を及ぼすものでないこと。
　インターンシップを、大学側は教育の一環であり、学問であることを強調、就職と結び付けることを忌避しました。就職と結び付けるインターンシップは、本来のインターンシップではなく、好ましくないインターンシップとしての風潮を経済界にも浸透させてしまったのです。そもそもインターンシップの重要な機能の1つとして「企業と学生のマッチング機能」があるはずです。就職にしても労働にしても双方が合意し、契約が成立しなければ成り立ちません。企業が学生に入社して欲しい、学生が企業に就職したいと言っても片思いでは契約には至りません。当然のことながら双方合意が前提です。
　毎年10万人を超える正規の職に就けない学生が発生する一方で、採用できない中堅・中小企業が多数存在するといった雇用のミスマッチを起こしています。正に社会的損失です。まずは、インターンシップを通じて学生と企業のマッチングの場をつくりたいものです。
　そのためには、大学は、地域の経済界や金融界と連携し、希望する学生に対して1年次に体験型、2年次・3年次に1ヶ月超のインターンシップを、大企業だけでなく中堅・中小企業も含めて行えるようにしたらどうでしょうか。就職活動につながると共に、社会人基礎力など基本的な能力養成にもつながり、まさに一石二鳥だと思います。
　すぐ問題の発生を言いいがちですが、悪弊があまりあるなら、その時また考えればよいと思います。そして学生も、大学任せにしないで、欧米の学生のように直接会社や社長に手紙でコンタクトをとり、交渉してインターンシップを経験させて戴く位の積極さが欲しいものです。学校任せでなく、自ら

行うことで、社会人基礎力の養成にも繋がることになります。

第7節　まず「出口戦略」を考えることからはじめる

　私は東京オリンピック後の不況期だった昭和41年に就職しました。大学に最初に求人があった大手の銀行を受けましたが、私の大学からは3名全員が不採用でした。不採用通知を受け取った日に、友人たちは翌日試験がある銀行を受ける、有望な銀行だという話をしていました。そこで、大学からその銀行の人事部に電話をしていただいたところ、履歴書など書類を今日中に届けてくれればOKと言うことでした。翌日10数名の友達とその銀行の試験に臨みました。

　どういう訳かわかりませんが、採用は幸運にも私だけでした。そんな経緯で銀行員生活が始まりましたが、業界を知るにつけ最初の大手銀行に不採用でよかったと思うようになりました。その後就職した銀行は、実に3回の合併を繰り返し、退職時には落とされた銀行の行員と同じ職場で仕事をしていました。人生の巡り合わせは本当にわからないものです……。多くのことを経験して今思うことは、「自分の実力を磨くこと」につきます。実力があればどんな会社でも、どんな状況でも生きて行ける、ということです。

　企業を大きく変革させるためには、「出口である利益構造から考えるとよい」と言います。たとえば、A、B、Cと3つの事業があり、A事業の利益が60％、B事業の利益が30％、C事業の利益が10％であったとします。しかし、企業を取り巻く市場の変化を考えた時、将来的には「C事業を柱にすべき」と経営者が判断し、10年後の利益構造をC事業の利益を60％、A事業30％、B事業10％と方針を定めます。現在の業績を維持しつつ、達成に向けて人、物、金を大きくシフトすると、企業内に大変革が生ずることになります。このように出口から発想することを「出口戦略」と呼び、大変意義がある戦略です。

　学生の諸君は、大学に入ったらできるだけ早く「どのような会社に勤めたいか」「どのような仕事をしたいのか」を決める、決めなくても考えることが大切です。具体的な会社名が決められればベターですが、自動車が好きなの

で自動車メーカーか販売会社など、自分の興味・関心からファッション関係の仕事、海外で仕事のできる会社などを決められるといいでしょう。大まかに将来の会社や仕事が目標として考えられれば、恐らく日常の行動でも授業でも、全く目標のない学生とは変わったものになるはずです。毎日毎日の小さな努力の積み重ねが、大きな成果につながるでしょう。まさに「念ずれば花開く」です。
　渋沢栄一の「夢七訓」にもあるとおり、全てのことは夢からはじまります。夢のない人は幸せにはなれません。大きな夢を描くことが物事のスタートです。そして夢実現に向かって、今日から日々努力を積み重ねましょう。

主要参考文献・資料

- 荒木長照・浅羽良昌・池田良徳・田口順・宮田由紀夫「大学における観光教育研究の可能性（3）」（『大阪府立大学経済研究』第54巻第3号、2008年）
- 一般社団法人日本経済団体連合会『採用選考に関する企業の倫理憲章の理解を深めるための参考資料』（2011年）
- 稲永由紀「大学教育におけるインターンシップ導入のイニシアティブとその論理」（吉本圭一編『インターンシップと体系的なキャリア教育と職業教育』、広島大学高等教育研究開発センター、2012年）
- 岩間夏樹『ロボット掃除機型新入社員の傾向と対策』（生産性出版、2013年）
- 岩間夏樹『若者の働く意識はなぜ変わったのか―企業戦士からニートへ』（ミネルヴァ書房、2010年）
- 大久保幸夫『仕事のための12の基礎力「キャリア」と「能力」の育て方』（日経BP社、2004年）
- 太田和男「インターンシップとキャリア教育　観光・ホスピタリティ課程にインターンシップは必要か」（『帝京平成大学紀要』第23巻第2号、2012年）
- 岡田美奈子・根木良友『ホテル・観光・ホスピタリティ教育機関におけるカリキュラムに関する研究』（財団法人日本ホテル教育センター、2006年）
- 大宮智江「学生の就職活動と企業の採用活動のミスマッチ」（『川口短大紀要』第24号、2012年）
- 金子勝一「インターンシップと教育システムに関する研究」（『経営情報学論集』第19号、2013年）
- 亀野淳「体験型インターンシップの役割の再検証と仮説の設定・検証による向上効果」（『インターンシップ研究年報』第12号、2009年）
- 観光庁「カリキュラムワーキンググループ中間とりまとめ（案）」（2009年）
- 観光庁『平成25年度　観光教育に関する学長・学部長等会議議事概要』（2013年）
- 経済産業省「産学連携によるインターンシップのあり方に関する調査報告書」（2013年、http://www.meti.go.jp/policy/kisoryoku/houkokusyo_H24FY_internship.pdf）
- 経済産業省「社会人基礎力」（http://www.meti.go.jp/policy/kisoryoku/）
- 河野志穂「文系大学生のインターンシップが学びに与える効果」（『インターンシップ研究年報』第14号、2011年）
- 公益財団法人日本生産性本部・一般社団法人経済青年協議会『平成25年度新入社員「働くことの意識」調査報告書』（生産性労働情報センター、2013年）
- 厚生労働省「インターンシップ推進のための調査研究委員会報告書」（2005年、http://www.mhlw.go.jp/houdou/2005/03/h0318-1.html）。

- 古閑博美編著『インターンシップ　キャリア教育としての就業体験』（学文社、2011 年）
- 古閑博美・倉田安里・金子章予『日本語会話表現法とプレゼンテーション』（学文社、1999 年）
- 古閑博美編著『FYS 講座　大学で学ぼう・大学を学ぼう』（学文社、2005 年）
- 古閑博美編著『魅力行動学　ビジネス講座　マナー、コミュニケーション、キャリア』（学文社、2008 年）
- 古閑博美編著『魅力行動学　ビジネス講座Ⅱ　ホスピタリティ、コミュニケーション、プレゼンテーション』（学文社、2012 年）
- 体系的なキャリア教育・職業教育の推進に向けたインターンシップの更なる充実に関する調査研究協力者会議「『インターンシップの普及及び質的充実のための推進方策について』意見のとりまとめ」（文部科学省、2013 年 8 月 9 日）
- 高良美樹・金城亮「インターンシップの経験が大学生の就業意識に及ぼす効果」（『琉球大学法文学部紀要人間科学』第 8 号、2001 年）
- 谷内篤博『大学生の職業意識とキャリア教育』（勁草書房、2005 年）
- 土屋弥生「教員養成のためのインターンシップの新たな展望—教育を成立させる力の涵養のために—」（『日本大学文理学部人文科学研究所研究紀要』第 86 号、2013 年）
- 長尾博暢「大学におけるインターンシップの教学的正統性」（『インターンシップ研究年報』第 12 号、2009 年）
- 永塚史孝『教員養成のしくみとインターンシップ』（啓明出版、2012 年）
- 中村哲「大学生はインターンシップをどのように認識しているのか？—未経験学生のインターンシップに対する意識—」（『観光ホスピタリティ教育』第 1 号、2006 年）
- 那須幸雄・佐々木正人・横川潤「わが国における大学の観光教育の分析—現状と動向—」（『文教大学国際学部紀要第 18 巻第 2 号』、2008 年）
- 原忠之『観光立国推進ラウンドテーブル　プレゼンテーション資料』（2012 年）
- 平野大昌「インターンシップと大学生の就業意識に関する実証研究」（『生活経済学研究』No.3、2010 年）
- 廣瀬隆人「学校支援ボランティアの概念の検討」（『宇都宮大学生涯学習教育研究センター研究報告』第 10-16 合併号、2003 年）
- 福永弘之編著『エクセレント秘書学』（樹村房、1992 年）
- 真鍋和博「インターンシップタイプによる基礎力向上効果と就職活動への影響」（『インターンシップ研究年報』13 号、2010 年）
- 明治大学ホームページ「インターンシップの種類」（http://www.meiji.ac.jp/shushoku/intern/student_program/2program.html）
- 文部科学省『インターンシップの普及及び質的充実のための推進方策について意見のと

りまとめ』(2013 年)
- 文部科学省「医学教育モデル・コア・カリキュラム―教育内容ガイドライン―」(2010 年、http://www.mext.go.jp/component/b_menu/shingi/toushin/__icsFiles/afieldfile/2011/06/03/1304433_1.pdf)
- 文部科学省「大学等におけるインターンシップ実施状況調査」(2007 年)
- 文部科学省「大学における看護実践能力の育成の充実に向けて」(2002 年、http://www.mext.go.jp/b_menu/shingi/chousa/koutou/018/gaiyou/020401.htm　20140402 最終閲覧)
- 文部科学省中央教育審議会「学士課程教育の構築に向けて（答申）」(2008 年、http://www.mext.go.jp/b_menu/shingi/chukyo/chukyo0/toushin/1217067.htm)。
- 矢崎裕美子・中村信次「インターンシップ経験によるコンピテンシーの変化」(『日本福祉大学全学教育センター紀要』第 1 号、2013 年)
- Cornell University, "Post Graduate Report, Bachelor of Science, Class of 2012"

あとがき

　本書の刊行にあたっては、多くの方々のお力添えを賜りました。限られた紙面のなかで、おひとりおひとりのお名前をあげることはできませんが、ここに、そのお力添えに対して心より感謝申し上げたいと思います。

　なかでも、本書出版の意義にご賛同いただき、全面的なご助力を賜りました玉川大学出版部の森貴志氏、相馬さやか氏には、厚くお礼申し上げたい。

　また、本書の監修をお引き受けいただいた日本インターンシップ学会関東支部の先生方、とりわけ初代支部長として関東支部の発展に尽力された太田和男先生には、深く感謝申し上げます。

　現在、本書を礎とする各大学と企業のインターンシップに関する事例集の出版を予定しております。これら一連の取り組みが我が国におけるインターンシップのますますの普及・発展に少しでも貢献できることを切に願っております。

　どうぞ今後とも、日本インターンシップ学会関東支部の活動にご理解とご協力をお願い致します。

　　　　　　　　　　　　　　　　　　　　　　　　　　　　折戸晴雄

●執筆者紹介（掲載順）

折戸晴雄（おりと　はるお）　**編者、序章、あとがき**
玉川大学経営学部観光経営学科教授。1949年生まれ。玉川大学農学部卒業。日本インターンシップ学会理事・関東支部支部長。ジャルパック・インターナショナル・オセアニアの代表取締役社長・CEO、株式会社ジャルパック東京本社取締役を歴任。その間、運輸省日本・カナダ観光交流促進協議会副幹事、オーストラリア観光輸出委員会（日本政策委員会）委員、オーストラリア政府観光局産業諮問委員会委員、オーストラリア政府産業・観光・資源省日本政策諮問委員会委員なども務める。2006年より国土交通省「成田国際空港を核とした観光交流促進プログラム検討会」委員。日本国際観光学会理事。日豪ツーリズム学会副会長。著書に『旅行マーケティングの戦略──商品企画と経営』『観光ビジネスの戦略──ハワイ旅行を企画する』（以上、玉川大学出版部）がある。

服部　治（はっとり　おさむ）　**編者、1章・2章**
松蔭大学経営文化学部教授。金沢星陵大学名誉教授。専門は、経営学、人的資源管理論。1938年生まれ。中央大学法学部卒業。著書に『能力戦略システム』（マネジメント社）、『現代経営行動論』（晃洋書房、2005年度日本労働ペンクラブ賞受賞）など、編著に『現代経営学総論』（白桃書房）がある。

佐藤勝彦（さとう　かつひこ）　**3章**
ブレーメン経済工科大学客員教授。専門は、国際経営論、異文化マネジメント論、キャリア教育論。1942年生まれ。スイス経営大学院（IMD）MBA。著書に『面接力をつける本』（共著、東洋経済新報社）、『楽しいキャリアデザイン』（共著、八千代出版）などがある。

木村元子（きむら　もとこ）　**4章**
明治大学政治経済学部兼任講師。博士（経済学）。専門は、地域産業論、中小企業論。1983年生まれ。明治大学大学院政治経済学研究科経済学専攻博士後期課程修了。著書に『地域産業・クラスターと革新的中小企業群』（共著、学文社）など。

根木良友（ねぎ　よしとも）　**5章**
Cornell University, Master of Management in Hospitality取得。専門は、ホテルマネジメント、観光人材育成、インターンシップ。1968年生まれ。著書に『ホテルビ

ジネス基礎編・管理編』（監修、一般財団法人日本ホテル教育センター）など。

山口圭介（やまぐち　けいすけ）　**6章**
玉川大学教育学部准教授。専門は教育哲学、幼児教育学、道徳教育。1967年生まれ。玉川大学大学院文学研究科教育学専攻博士課程中退。東北女子短期大学助教授を経て現職。著書に『ペスタロッチー・フレーベル事典』（分担執筆、玉川大学出版部）など。

古閑博美（こが　ひろみ）　**7章・8章**
嘉悦大学ビジネス創造学部教授。研究領域は、魅力行動、ホスピタリティ、インターンシップ、ビジネス教育など。1950年、山口県生まれ。東洋大学大学院文学研究科博士前期課程修了。修士（教育学）。航空会社客室乗務員を経て教育に携わる。著書に『魅力行動学ビジネス講座Ⅱ　ホスピタリティ、コミュニケーション、プレゼンテーション』『インターンシップ―キャリア教育としての就業体験―』『魅力行動学ビジネス講座　マナー、コミュニケーション、キャリア』（いずれも編著、学文社）など。

横山皓一（よこやま　こういち）　**編者、9章**
日本生産性本部認定経営コンサルタント、日本インターンシップ学会理事。三井住友銀行、日本総合研究所を経て（株）SKY経営研究所代表。多くの企業の経営指導、金融機関向け各種研修、寄稿などを行う。著書に『経営・人事労務管理要論』（共著、白桃書房）など。

太田和男（おおた　かずお）
武蔵野学院大学経営品質研究所・日本大学非常勤講師。日本インターンシップ学会副会長を兼務・元同学会初代関東支部長。1942年生まれ。通産省出向、太陽神戸銀行（現三井住友銀行）市原支店長、太陽神戸総研東京調査研究部長、東京女学館大学教授、帝京平成大学教授などを経て現職。著書に『経済社会と企業経営の改革』（啓文社）など。

インターンシップ入門
就活力・仕事力を身につける

2015年3月25日　初版第1刷発行

監修者――――日本インターンシップ学会関東支部
編　者――――折戸晴雄・服部治・横山皓一
発行者――――小原芳明
発行所――――玉川大学出版部
　　　　〒194-8610　東京都町田市玉川学園6-1-1
　　　　TEL 042-739-8935　FAX 042-739-8940
　　　　http://www.tamagawa.jp/up/
　　　　振替 00180-7-26665
装　幀――――しまうまデザイン
印刷・製本――創栄図書印刷株式会社

乱丁・落丁本はお取り替えいたします。
©Japan Society of Internship and Work Intergrated Learning, Kanto Branch 2015　Printed in Japan
ISBN 978-4-472-40493-1 C3037 / NDC 377